ANTJE GROSSE FELDHAUS

Balkon & Terrasse

mediterran

> **Urlaubsstimmung für zu Hause**
> **Pflanzenpracht in Töpfen und Kübeln**
> **Dekorative Gestaltungsideen**

Inhaltsverzeichnis

Seite **4**

Seite **30**

Seite **66**

Draußen wohnen mit mediterranem Flair

Zu Hause wie am Mittelmeer	6
Schöne Accessoires	8
➤ *Basics: Farben bringen Lebensgefühl*	*10*
Der Topfgarten	12
Im Reich der grünen Formen	14
➤ *Basics: Düfte streicheln die Seele*	*16*
Der schönste Schatten der Welt	18
Wasserspiele, Wasserträume	20
Sommerbeete für Romantiker	22
Die Top 8 der Accessoires	24
➤ *Basics: Kleine Warenkunde: Töpfe*	28

Pflanzen für den Mittelmeergarten

Kübelpflanzen	32
Palmenzauber	34
Die Top 8 der Kübelpflanzen	36
Bougainvillea – Ein Feuerwerk der Blüten	40
Die Top 8 der Kletterpflanzen	42
Im Kräuterzauber	46
Lavendel – Der Duft der Provence	48
Die Top 8 der Kräuter	50
Mediterranes Gemüsebouquet	54
Tutti frutti – bei uns schon lange heimisch	56
Dolce vita mit Zitronen	58
Ein Strauß bunter Sommerblumen	60
Die Top 8 der Einjährigen	62

Wohlfühl-programm für die Südländer

Blumen aus Samen heranziehen	68
Nachwuchs am laufenden Band	70
Umtopfen	72
Die Top 8 der Arbeitsgeräte	74
Vom Einmaleins des Gießens	78
➤ *Basics: Richtig düngen leicht gemacht*	*80*
Winterlicher Frost – non merci!	82
Aufgewacht, der Frühling ist da!	84
➤ *Basics: Der richtige Schnitt – und die Pflanzen leben auf*	*86*
Erste Hilfe für Pflanzen	88
Adressen	90
Buchtipps	91
Register	92
Impressum	96

DRAUSSEN WOHNEN MIT MEDITERRANEM FLAIR

Urlaubsfeeling **zu Hause** — klingt das nicht wunderbar verführerisch? Richten Sie **Terrasse, Balkon oder Garten** doch in mediterranem Stil ein. Mit **Farben** und **Düften des Südens,** Wasserspielen, Möbeln und bepflanzten Kübelarrangements machen Sie die Illusion **perfekt.**

Zu Hause wie am Mittelmeer

Wohnkultur an den Küsten des Mittelmeers hat viele Gesichter, denn die Atmosphäre ist auf landestypische Art durch Pflanzen, Möbel und Accessoires ganz unterschiedlich geprägt. Was inspiriert Sie mehr: toskanisch, andalusisch oder provenzalisch?

Zauberzutaten für eine Terrasse alla italiana sind die kräftigen Blütenfarben von Wandelröschen, Geranien und Bougainvilleen. Als Kulisse für das bunte Treiben dienen orange oder gelb gewischte Wände und ein Boden, der mit ockerfarbenen Terrakottafliesen oder Natursteinen harmonisch verlegt ist. Einfache Holzmöbel bekommen durch einen farbigen Anstrich eine persönliche Note. Nur zu gelackt dürfen sie nicht aussehen.

Der Traum vom Süden ist greifbar nah, wenn die silbrigen Blätter einer Olive oder die Früchte der Wollmispel in der Sonne schimmern. Pinienschirme oder kerzenschlanke Zypressen bringen Ruhe in die Gestaltung. Perfekt wird das Bild einer italienisch anmutenden Terrasse durch passende Accessoires: Krüge aus Steinguss und verzierte Terrakottatöpfe unterstreichen den Habitus südländischer Kübelpflanzen; rustikales Geschirr, Leinenkissen und Weingläser runden die Einrichtung ab.

BACCHUS TRAUM

Eine Terrasse einrichten im Stil der Provence – das heißt, Romantik mit schlichter Eleganz kombinieren. Rosen und Lavendel gehören hier ebenso dazu wie Kreppmyrte und Oleander. Ergänzt werden kann die rosa und himmelblaue Blütenatmosphäre durch Bleiwurz und Passionsblumen, die an Spalieren in Richtung Himmel wachsen. Was nicht fehlen darf, ist Echter Wein. Wer Platz hat, sollte ihn an einer Pergola ranken lassen. Seine Blätter spenden lichten Schatten für einen Sitzplatz, der klassisch mit verschnörkelten Eisenmöbeln eingerichtet ist. Für Kissen oder Plaids nehmen Sie Stoffe mit romantischen Blütenmustern, wie sie in Frankreich so beliebt sind. Vor zartblau oder vanillefarben gestrichenen Wänden kommen sie gut zur Geltung. Die Artischocke ist ein echter Hingucker, und für Duft sorgt eine Kräuterecke mit Rosmarin, Salbei und Thymian. Das i-Tüpfelchen sind Putten aus grauem Steinguss.

SIESTA WIE IM ORIENT

Im Süden Spaniens haben die Mauren ihre Spuren hinterlassen. Noch heute prägen orientalische Innenhöfe die Gestaltung vieler Häuser in Andalusien. Unübertroffen sind die Gärten der Allhambra in Granada. Die Stimmung ist durch leuchtend weiße Wände geprägt, die mit Mosaiken und Fliesen in Türkis, Rot und Blau besetzt sind. Im Mittelpunkt vieler Gärten steht häufig eine Kanarische Dattelpalme, und rundum blühen und fruchten Orangen und Zitronen. Aber auch bizarre dickblättrige Sukkulente wie Aloe und Agave schmücken mit ihren ornamentalen Blättern sonnige Ecken. Leuchtendes Rot und Orange ins Spiel bringt die Trompetenblume, bis unters Dach überzieht sie die Wände mit ihren Blüten, Einjährige wie Portulakröschen, Kapkörbchen und Geranien ergänzen das Spektakel. Aber ohne ein Wasserspiel kommt kein andalusicher Patio aus. Die Siesta genießt man auf passenden Rattanmöbeln oder auf dicken Sitzkissen mit erfrischendem Pfefferminztee.

Ob mit orientalischen Mosaik-Tischen, anmutigen Eisenmöbeln à la Provence oder bäuerlichen Holzmöbeln im toska-

nischen Stil: Mit schönen Möbeln und Accessoires fühlen Sie sich
auf Balkon und Terrasse jede freie Minute wie im Urlaub.

Mit schönen Accessoires wie Gott in Frankreich wohnen

Sich zu Hause wie im Urlaub fühlen? Mit Pflanzen können Sie wunderbar den Zauber südlicher Länder auf Ihre Terrasse oder den Balkon bringen. Kübelpflanzen sind der Anfang, aber passende Wandfarben und Bodenbeläge, Möbel und Accessoires machen die Stimmung perfekt.

Auch wenn sie noch so klein sind – Balkon, Terrasse und Garten brauchen eine klare Gliederung bevor sie mit Pflanzen »eingerichtet« werden. Überlegen Sie sich einen Rahmen, vor dessen ruhigem Hintergrund Pflanzen und Gartenmöbel gut zur Geltung kommen. Für ein gutes Raumgefühl sorgen Mauern, mobile Spaliere, Pergolen und Hecken. Sie betonen die Höhen, teilen Terrassen oder Innenhöfe ein und Spaliere funktionieren auch auf dem kleinsten Balkon als Sichtschutz. Helle Mauern aus Sandstein und durchlässige Spaliere lassen Räume größer erscheinen als dunkle, hohe Hecken. Schaffen Sie aber auch fließende Übergänge, die einzelne »Gartenräume« miteinander verbinden. Ein Beet am Terrassenrand mit genügend Platz für Stauden, Sträucher und Sommerblumen leitet beispielsweise in den Garten über.

Lassen Sie sich Zeit mit der Gestaltung ihres Außenwohnzimmers und gehen Sie mit Farben und Formen lieber sparsam und gut überlegt um. Viele Pflanzen sind voller imposanter Blüten in grellen Tönen und bizarrer Blätter, und man läuft leicht Gefahr, kleine Balkone und Terrassen damit zu überfrachten. Kontrastreiche Kombinationen wirken zwar lebendig, aber auch unruhig. Das gleiche gilt für Wandfarben in sonnigen Tönen: Gelb, Orange und Rot lassen Gartenräume kleiner wirken als sie sind. Pink ist auch ziemlich aufdringlich. Besser ist es, die Wände in ruhigen Pastelltönen, Blau oder Weiß zu halten und mehrere Pflanzen einer Art passend dazu Ton in Ton zu arrangieren.

EIN PLATZ ZUM TRÄUMEN

Kübelpflanzen sind ein Traum, brauchen auf Terrasse oder Balkon aber genug Platz. Gerade Klassiker wie Wandelröschen und Engelstrompete können im Laufe der Jahre enorm groß werden. Vergessen Sie vor lauter Euphorie nicht, für sich selbst auch genügend Fläche einzuräumen und gönnen Sie sich eine schöne Aussicht. Haben Sie einen Garten, bietet eine höher liegende Terrasse einen freien Blick. Bei ebenerdigen Terrassen ist es vorteilhaft Sichtachsen in den Garten einzuplanen, an dessen Ende zum Beispiel eine Putte oder ein Brunnen auf sich aufmerksam macht. Der Bodenbelag sollte trittfest sein; mit Natursteinpflaster, rutschfesten Mosaik- oder Terrakottafliesen kann südliches Ambiente sehr schön gestaltet werden. Auch Holzdecks passen gut. Eine besonders große Bodenfläche wirkt interessanter, wenn in Lücken trittfeste Kräuter wachsen, z. B. Römische Kamille (*Chamaemelum nobile*) oder Thymian (*Thymus serpyllum* 'Coccineus').

Die Atmosphäre eines Sitzplatzes wird vor allem durch die Möbel geprägt. Romantische Modelle aus Eisen sind in Spanien, Frankreich und Italien genauso beliebt wie einfache ländliche Holzmöbel. Bleiben Sie bei Ihrem Lieblingsstil, denn einzelne Stücke wirken wie Fremdkörper. Planen Sie auch Platz für einen Schirm oder eine Pergola ein, wo Sie genüsslich den Tag verstreichen lassen können – selbst Sonnenanbeter verbringen die heißen Stunden lieber im Schatten. Später am Abend kommt es

Lorbeerhochstämmchen sind die klassischen mediterranen Türsteher – hier fühlt sich jeder willkommen.

Leben wie im Süden! Zwischen blühenden und duftenden Kübelpflanzen nimmt man gerne Platz.

auf die richtige Beleuchtung an. Windlichter mit Kerzen wirken sehr romantisch, aber um Wege, Eingänge oder Treppen zu beleuchten, sollte man lieber elektrische Lampen installieren. Und gut platzierte Strahler rücken einzelne Bereiche wie etwa ein plätscherndes Wasserspiel ins rechte Licht.

DER LETZTE SCHLIFF

Was in einem mediterranen Garten nicht fehlen darf, sind Amphoren, Statuen oder Büsten. Der Boboli-Garten in Florenz ist wegen seiner Sammlung antiker Renaissance- und Barock-skulpturen bekannt, der Jardin de la Fontaine in Nîmes zeugt für die Kunst, Putten und Statuen am Wasser geschickt in Szene zu setzen. Auch wenn Terrassen wesentlich kleiner sind als die historischen Anlagen – die Objekte wirken nur, wenn man sie richtig platziert. Kleinere Köpfe, Büsten oder Zapfen lenken Aufmerksamkeit auf zierliche Blüten, an denen man sonst achtlos vorbei gegangen wäre. Eine hohe Statue dagegen kann das Auge auf ein Ziel lenken, eintönige Wände beleben oder die Symmetrie eines Raumes betonen. Wichtig ist, dass Sie den Gartenschmuck nicht in Mengen verteilen – weniger ist mehr.

Weiß und Blau – ein Stück Sommerhimmel

Gelb und Purpur – Farbduo mit Fernwirkung

Farben bringen Lebensgefühl

Vivan los colores! Wer einmal am Mittelmeer gewesen ist, schwärmt sein Leben lang vom unendlichen Blau, das Meer und Himmel verbindet, von Wänden, die mit türkisen und roten Fliesen besetzt sind oder von bunt bedruckten Stoffen. Holen Sie diese Stimmung doch zu sich nach Hause!

Die einmalige Atmosphäre mediterraner Länder ist durch leuchtende Farben geprägt. Jede der Farben hat ihre eigene Ausstrahlung, aber die Wirkung hängt auch stark von den Nachbarfarben ab. Manche Töne unterstützen sich, harmonieren, andere vertragen sich eher nicht. Anhand des Farbkreises kann man leicht sehen, welche Farben gut zusammen passen. Er setzt sich aus den drei Grundfarben Rot, Blau und Gelb zusammen. Wenn die Grundfarben (Primärfarben) zu gleichen Teilen gemischt werden, entstehen die Sekundärfarben Orange (aus Rot und Gelb), Violett (aus Rot und Blau) und Grün (aus Blau und Gelb). Im Farbkreis liegen die Sekundärfarben jeweils zwischen den Primärfarben. Die stärksten und schönsten Kontraste erzielt man, indem man entweder die Grundfarben oder die so genannten Komplementärfarben miteinander kombiniert. Letztere sind die Farben, die sich im Kreis direkt gegenüberliegen, also z. B.

Rot und Grün oder Gelb und Violett. Harmonisch wirken Verbindungen mit Farben, die direkt nebeneinander liegen, z. B. Orange und Gelb oder Blau und Violett.

JEDER FARBE IHRE STIMMUNG

Die Farbe Gelb steht für Licht und Wärme. Selbst bei trübem Himmel fühlt man sich bei ihrem Anblick wie an einem sonnigen Tag. Ein Kasten voller blühender Gazanien z. B. reicht schon als tägliche Dosis für gute Laune. Das gleiche gilt für gelb gestrichene Wände oder Möbel. Aber Vorsicht: Reines Gelb kann auf großen Flächen grell wirken, deshalb nur in abgemildeter Form verwenden. Durch ungleichmäßiges Auftragen von Farbpigmenten und Kalkwachs auf weiß verputzten Wänden entsteht die Rauheit und Farbtiefe, die für Häuser in südlichen Ländern so charakteristisch ist. Gelb gestrichene Holzmöbel wirken stilecht,

Silber – Lichtblick im Schatten

Pink und Violett - Romantik zum Hinschauen

wenn sie aussehen, als hätte die Sonne das Material ausgebleicht. Eine gewischte Lasur, unter der die Maserung durchschimmert, verleiht den Möbeln den typisch abgenutzten Charme.

Orange ist die Farbe der Toskana. Wohin man auch schaut – Häuserfassaden sind orange- und kupferfarben gestrichen, Wandelröschen und Orangen leuchten in der Sonne. Gefäße, Putten und andere Accessoires aus orange-braunem Terrakotta harmonieren perfekt mit der leuchtenden Farbe. Stilecht wirkt eine Terrasse, deren Boden mit Terrakottafliesen oder Sandstein verlegt ist. Holzmöbel und Wandanstriche ergänzen die lebensfrohe Atmosphäre, wenn sie in den Farben des Sonnenuntergangs Orange, Gelb und Rot warm strahlen.

Rot zieht mit Macht die Aufmerksamkeit auf sich. Nur im Schatten verlieren rote Töne ihre Brillanz. Die dominante Farbe ist schwierig zu kombinieren. Geheimnisvoll wie ein andalusischer Innenhof wirkt eine Terrasse, die in den Komplementärfarben Rot- und Grün gestaltet ist. Für Farbe sorgen Geranien, Roter Hammerstrauch und Granatapfel, für Struktur Palmen, Eibenkegel oder Myrtenkugeln. Töpfe und Wandbrunnen aus Metall, die idealerweise Grünspan und Rost angesetzt haben, machen die mediterrane Atmosphäre perfekt. Das gleiche gilt für rot lasierte Fliesen oder mit Mosaiken besetzte Tische, und am besten passen Wände, die weiß oder – wie häufig in Venedig zu sehen – zartgrün gestrichen sind.

Das klare Blau des Himmels vermittelt ein Gefühl von Leichtigkeit und Ferne. In der mediterranen Pflanzenwelt trifft man nur selten auf dieses frische Blau. Häufiger kommen helle und dunkle Violetttöne unter den Exoten vor. Die kalten und warmen Blautöne sind ein gutes Farbenduo für Südseiten, da erst Sonnenstrahlen sie zum Leuchten bringen. Die Kykladen in der Ägais beweisen, wie strahlend Blau vor Weiß wirkt. Das Zusammenspiel blau gestrichener Fensterläden und weiß gekalkter Wände, an denen Bleiwurz oder Blauregen hochranken, lässt sich zu Hause leicht nachahmen.

Sobald sich unter Blau und Weiß Rosa mischt, schlägt die Stunde der Liebhaber der Provence. Romantisch wirken vor allem Arrangements in zartem Rosa oder Aprikot. Sie mildern in der vollen Sonne die grelle Wirkung von Weiß, fangen im Halbschatten jeden Lichtstrahl ein und leuchten in der Dämmerung noch lange, nachdem sich andere Farben verabschiedet haben. Oleander, Rosen und das Spanische Gänseblümchen sind klassische Träger der Pastellfarben. Wer die romantische Atmosphäre unterstreichen möchte, füllt den Terrassenboden mit weißem Kies, der bei jedem Schritt angenehm knirscht. Verschnörkelte Eisenstühle, vanillefarben oder himmelblau gestrichene Rosenspaliere und Wände machen die Illusion von der provenzalischen Terrasse perfekt. Wem die Ton in Ton-Arrangements auf Dauer zu langweilig erscheinen, mischt hier und da ein kräftiges Pink oder Violett unter. Vorsicht aber mit Bougainvilleen und Portulakröschen – sie fesseln sofort den Blick, das haben Sie selbst schon im Urlaub erlebt. Setzen Sie die kräftigen Farben lieber sparsam ein, damit das Auge vom bunten Treiben nicht abgelenkt wird.

Il piccolo paradiso — der Topfgarten

Um den Flair des Südens nach Hause zu holen, brauchen wir Töpfe! Denn mit ihrer Hilfe verwandeln sich Balkone und Terrassen in blühende Oasen.

Eine Terrasse muss nicht bunt sein, um zu glänzen. Pures Grün wirkt auch — besonders in Form von Buchskugeln in Kübeln.

Bepflanzte Töpfe und Kübel haben viele Talente. Sie füllen triste Plätze mit Leben, verbinden Gartenräume miteinander, machen am Hauseingang eine gute Figur und runden Kanten an Wegen und Mauern ab. Ihre Domäne aber sind Balkone, Terrassen und Wintergärten. Es macht viel Freude, sich dort mit einer ganzen Schar an Gefäßen eine blühende Oase einzurichten! Töpfe sind beweglich und dadurch können Sie sie immer wieder umstellen und neu kombinieren. Ein unschlagbarer Vorteil aber ist, dass man mit ihnen die Möglichkeit hat, viele südländische Pflanzen hierzulande überhaupt zu halten.

GRUPPENDYNAMIK

Viele Kübelpflanzen kommen in Gruppen besser zur Geltung als wenn man sie einzeln auf der Terrasse verteilt. In Höhen gestaffelt und mit Schmuckstücken kombiniert erhält eine Gruppe Struktur. Hochstämmchen und Kletterpflanzen an Spalieren gehören in die hintere Reihe. Dazu gesellen sich Palmen und kleine Bäume. Davor ergänzen kompakte, blühende Büsche das Bild. Duftpflanzen, Sukkulenten oder Einjährigen in kleinen Kästen und Töpfen gebührt ein Platz in der ersten Reihe, wo man sie gleich bewundern kann.

Geschickt ist es, wenn in der Gruppe von Frühjahr bis Herbst ein bis zwei Kübelpflanzen dabei sind, die gerade blühen. Als ständiger Schmuck gehören aber auch Pflanzen dazu, die die ganze Saison mit ihren Blättern auf sich aufmerksam machen. Kombiniert man verschiedene Blattformen und Blütengrößen, sehen die Arrangements am spannendsten aus.

Ruhig und in sich geschlossen wirkt eine Pflanzengesell-
schaft, wenn das Material der Töpfe einheitlich ist (s. auch S.
28/29). Farbenfroh lasierte Exemplare, die man punktuell
untermischt, lockern eine Gruppe fröhlich auf. Eine zu bunte Mischung wirkt eher aufregend denn schön.
Eine klassisch mediterrane Erfindung ist es, gleiche Töpfe
mit gleichem Inhalt symmetrisch aufzureihen. Ruhig wirken
in Form geschnittene Buchs-, Zypressen- oder Eibenkübel
(s. auch S. 14/15), die einen Weg begleiten oder als Kugeln
und Quadrate die Architektur von Räumen betonen. Das
Prinzip der Wiederholung funktioniert auch auf Terrasse
und Balkon. Drei Geranien in Einzeltöpfen auf der Fensterbank oder vier Kübel mit Oleander, die die Ecken markieren,
wirken Wunder. Ein bisschen kniffelig ist es, den richtigen
Abstand zwischen den Töpfen zu finden. Stehen sie zu eng
oder zu weit, geht der Effekt verloren. Einfach ausprobieren!

ECHTE HINGUCKER!

Wenn Sie ein besonders schönes Pflanzgefäß haben, sollten
Sie es auch in Szene setzen. Legen Sie doch einfach mal eine
Amphore in Ihren Garten. Sie werden staunen, wie ein Beet
dadurch aufgewertet wird, denn das große Gefäß gibt
besonders filigran bepflanzten Flächen das nötige optische
Gewicht. Auch Wegekreuze sind wie geschaffen für große
Kübel oder Amphoren, weil die Gefäße im Mittelpunkt auf
ruhige Weise die Symmetrie einer Anlage betonen, genauso
ist es am Ende einer Sichtachse.
Auf Terrassen und Balkonen haben große Kübel leider nur
selten Platz. Einzelstücke lassen sich Platz sparend auf antiken Säulen in Szene setzen. Bei einer solchen Kombination
sollten alle Teile aus dem gleichem Material gemacht sein,
damit das ganze Ensemble eine Einheit bildet.

*Blühende Töpfe an Wände zu hängen gehört zu den typischen
Gepflogenheiten mediterraner Gärtner.*

Patina ist ein Muss

➤ Verzichten Sie darauf, Terrakottagefäße jedes Jahr zu
säubern. Ein bisschen Grün hier, ein fehlendes Orna-
ment da – es ist doch gerade die Patina, die den nach-
lässigen Charme südländischer Lebensart widerspie-
gelt. Auch lasierte oder bemalte Gefäße machen
Urlaubsstimmung. Tongefäße in kräftigem Orange,
Blau oder Gelb wirken sehr aufmunternd, selbst wenn
im Laufe der Jahre die Farbe hier und da abblättert.

➤ Eine interessante Alternative sind ausgediente Gefäße
oder Pokale aus Eisen, die Sie bepflanzen können,
z. B. vom Flohmarkt.

TIPP

Im Reich der grünen Formen

In mediterranen Gärten sind immergrüne Gehölze stets Top in Form. Akkurat geschnittene Hecken teilen Wege, Beete und Räume ein, frisch rasierte Quader, Kegel und Kugeln schmücken Terrassen und betonen Durchgänge.

Die Gärtner im antiken Griechenland entdeckten als erste die Schere für die Gartengestaltung. Ließen sich doch mit dem praktischen Werkzeug immergrüne Gehölze in alle erdenklichen Formen schneiden. In der Renaissance besannen sich in die Geometrie verliebte Gartengestalter wieder auf diese alte Kunst des Stutzens. Seitdem prägt der Formschnitt die Gartenkultur in den südlichen Ländern.

Gehölze, die sich gut formen lassen

Sommergrüne Gehölze

Hainbuche	Carpinus betulus	Hecke, 3–6 m hoch
Kornelkirsche	Cornus mas	Hecke, 2–4 m hoch
Liguster	Ligustrum vulgare	Hecke, 2–3 m hoch
Rotbuche	Fagus sylvatica	Hecke, 3–6 m hoch

Immergrüne Gehölze

Buchs	Buxus sempervirens	Hecke, Figuren 0,5–2 m hoch
Eibe	Taxus baccata	Hecke, Figuren 2–4 m hoch
Japanische Stechpalme	Ilex crenata	Hecke, Figuren 1–2 m hoch
Myrte	Myrtus communis	Figuren
Spindelstrauch	Euonymus	Hecke, Figuren 1–2 m

KLASSISCH BIS FANTASTISCH

Quader, Kegel und Kugeln prägen den formalen, geordneten Stil südländischer Gartenkunst. Es gibt viele Spielweisen, mit ihnen Gärten, Balkone und Terrassen eindrucksvoll zu inszenieren. Allen gemeinsam ist das Talent, blumig bunten Beeten und Topfansammlungen optischen Halt zu geben. Sie betonen Durchgänge und sind Spitzenreiter darin, Eckpunkte auf Balkonen und Terrassen aufzuwerten. Ruhig, aber schlichtweg beeindruckend wirkt eine große Gruppe aus in Form geschnittenen Gehölzen und Kräutern. Besonders Verspielte schneiden sich sogar grüne Tierfiguren in den Garten.

Formale Hecken wirken wie lebendige Wände, die selbst einen knapp bemessenen Raum klar gliedern und optisch erweitern. Eine Spezialität toskanischer Gartengestalter ist es, mithilfe von Hecken den Blick auf eine bestimmte Stelle zu lenken, wo ein Objekt nur darauf wartet, bewundert zu werden. Hohe Hecken können intime Gartenräume verbergen, ausgesparte Fenster oder Torbögen laden ein, Gartenzimmer zu erkunden. Niedrige Hecken dagegen fassen romantisch bepflanzte Beete und Terrassen ruhig ein, ohne den Blick einzuengen.

IN JEDEM STECKT EIN FIGARO

Kegel, Kugel oder Pyramide – versuchen Sie es einfach! Geometrische Formen lassen sich ganz leicht schneiden. Für verschiedenen Formen bzw. Pflanzen brauchen Sie unterschiedliche Werkzeuge. Beeteinfassungen aus niedrigen Buchs- oder Eiben-

hecken können schnell und sauber mit einer Akku-Hecken-
schere gestutzt werden. Führen Sie die Heckenschere über
eine waagerecht angelegte Holzlatte, dann wird der Schnitt
gerade. Kleinere Kugeln lassen sich mit einer Rasenkanten-
schere (mit Akku) oder einer Schafschere in Form schneiden. Angeschnittene Blätter, die verbräunen, können mit
einer Rosenschere gekappt werden. Wichtig bei allen
Schnittwerkzeugen: Sie müssen scharf sein, damit die Triebe
nicht gequetscht, d. h. verletzt werden.

Die Auswahl an Gehölzen ist groß. Besonders gut eignen sich
Pflanzen mit immergrünen kleinen Blättern, die nach dem
Schnitt schnell neue Triebe bilden. Oft verwendet werden
Brautmyrte (*Myrtus communis*), Buchs (*Buxus sempervirens*), Eibe (*Taxus baccata*), Liguster (*Ligustrum vulgare*) und
Zypresse (*Cupressus sempervirens*). Aber auch Kräuter wie
Heiligenkraut (*Santolina chamaecyparissus*), Lavendel
(*Lavandula*-Arten), Rosmarin (*Rosmarinus officinalis*), Salbei (*Salvia officinalis*) und Thymian (*Thymus vulgare*) werden hoch genug, dass man sie zu kleinen Hecken, Kegeln
oder Bäumchen schneiden kann. Alle fordern einen akkura-
ten Schnitt, wobei die Triebe mindestens zweimal im Jahr
gestutzt werden müssen.

HOCHSTÄMMCHEN

Südländische Gartenbesitzer präsentieren ihre Lieblings-
pflanzen in einer Topfreihe, lassen sie z. B. einen Weg säu-
men. Klassische Sammelobjekte sind Zitronen-, Rosen-,
Kamelien-, und Geranienhochstämmchen. Natürlich werden sie nur in den schönsten Terrakottakübeln zur Schau
gestellt. Damit die Sammlung auch gut zur Geltung kommt,
stehen alle Hochstämmchen, ob Reihe oder paarweise Tür-
begleiter, in gleichen Töpfen.

*Immer Top in Form: Buchs lässt sich mit seinen immergrünen
Blättern gut zu einer Spirale oder in andere Figuren schneiden.*

Die Blüten der Taglilien riechen lieblich – aber nur einen Tag.

Der süße Duft der Rosen zieht jeden in seinen Bann.

Basics

Düfte streicheln die Seele

Ohne es zu wollen, lässt ein Orangenbäumchen im Geiste warme Sommertage an der Cote d'Azur aufleben und ein Basilikumzweig weckt plötzlich den Appetit auf Tomate mit Mozarella. Es gibt viele Möglichkeiten, Balkon und Terrasse mit südländischen Düften zu verzaubern.

Es scheint fast so, als wären Düfte nur dafür gemacht, unsere Saiten der Seele zum Klingen zu bringen. Dabei produzieren die Pflanzen ihn aus rein praktischen Gründen in Blüten, Blättern und Wurzeln für sich selbst. Sie brauchen den Duft in erster Linie dafür, um Insekten und Vögel anzulocken, um sich vor Krankheiten durch Bakterien und Pilze, vor hungrigen Tieren oder vor dem Austrocknen zu schützen. In der Regel sind ätherische Öle die Duftquelle. Sie werden von speziellen Drüsen an der Oberfläche der Pflanzen freigesetzt, sobald die feinen Drüsenzellen unter Druck aufplatzen oder durch Reibung beschädigt werden. Erst dann verströmen sie ihren angenehmen Duft.

SO DUFTET'S

Im Urlaub am Mittelmeer begegnen wir immer wieder aromatischen Düften wie dem Vanilleduft des Blauregens und der Vanilleblume. Ebenso häufig steigen einem beim Lustwandeln in den Gärten die verführerischen Rosendüfte in die Nase. Süß und fruchtig ziehen sie vor allem vormittags an sonnigen Tagen jeden in ihren Bann. Angenehm anregend wirken die fruchtigen Düfte von Orange, Ananas und Zitrone – aber nicht immer sind es dieses Früchte, die man dahinter vermuten darf. Überraschenderweise verbreiten auch die Blätter südländischer Kräuter wie Minzen, Thymian und Duftgeranien den bekannten Duft. Wer das Aroma von Honig liebt, der wird an Gehölzen wie dem Schmetterlingsstrauch und der Säckelblume seine Freude haben. Bleibt noch die Blumengruppe, die nach Moschus und Ambra riecht. Mediterrane Vertreter sind die Moschusrose und die Passionsblume. An den süßen und gleichzeitig herben Düften scheiden sich übrigens die Geister, denn in hoher Konzentration empfinden viele diese Gerüche als unangenehm.

Lavendel – sein sinnliches Aroma beruhigt die Sinne.

Rosmarin verbreitet erst beim Reiben seinen würzigen Duft.

Die meisten Pflanzen verströmen ihr Aroma am intensivsten an sonnig-warmen Tagen. Ausnahmen sind die so genannten Nachtdufter wie Engelstrompete oder Ziertabak, die bei Eintritt der Dämmerung zu duften beginnen. Bei vielen Duftgeranien muss man etwas nachhelfen und sie leicht berühren, damit sie ihr Aroma freisetzen, manche der würzigen Pflanzen geben sich sogar erst dann preis, wenn man sie kräftig reibt. Der Thymian ist ein gutes Beispiel dafür.

MIT DUFT GESTALTEN

Düfte lassen sich auf viele Arten gut in die Gestaltung von Balkonen und Terrassen einbringen. Für eine Terrasse mit mediterranem Flair sind Rosen oder Blauregen (*Wisteria sinensis*) an einer Pergola herrlich, die die Fläche wie eine Laube überdacht. Da die duftenden Gehölze spielend mehrere Meter überwinden, können Sie die Pergolen gleichzeitig als Raumteiler, Sichtschutz und Schattenspender einsetzen. Im Mittelmeergebiet nutzt man gerne begrünte Pergolen, denn die Kletterpflanzen filtern mit ihren Blättern und Blüten wohltuend das grelle Sonnenlicht. Ein weiterer Sinnesbetörer an Pergolen ist das Geißblatt. Sobald sich der Tag dem Ende neigt, verströmt es seinen Duft bis spät in die Nacht. Für den Balkon in unseren Breiten eignen sich einjährige und frostempfindliche Kletterpflanzen, die sich in Töpfen wohl fühlen. Duftwicken und Sternjasmin an Spalieren überziehen mit ihren Blüten schnell ganze Hauswände, auch Balkongeländer nehmen sie für duftende Auftritte gerne an.

Eine andere Idee ist, Düfte in Rabatten rund ums Haus zu integrieren. Die Kunst besteht darin, mehrere Düfte zu einem Dufterlebnis zu komponieren. Probieren Sie es aus und stellen Sie ganz nach Ihrem persönlichen Geschmack die Pflanzen zusammen. Harmonisch riecht ein mediterranes Beet mit Lavendel, Rosmarin und Salbei. Ein Terrakottatopf mit einem Zitronenbäumchen, der zwischen den Kräutern thront, ergänzt mit seiner fruchtigen Note den würzigen Duft perfekt. Viele Kräuter setzen ihren Duft erst nach Berührung frei. Sie sind deshalb an Wegrändern gut aufgehoben, wo man Schritt für Schritt an ihnen entlang streift. Auf Treppen machen sich Duftpelargonien in hübschen Tontöpfen schön – bei jedem Gang erinnern sie an Zitronen- und Orangenplantagen. Römische Kamille und Thymian lassen sich hervorragend in Fugen auf Terrassen und Innenhöfen pflanzen, weil sie Fußtritte nicht übel nehmen.

Zart duftende Pflanzen wie die Vanilleblume nimmt man eher wahr, wenn sie auf Nasenhöhe in Kästen und Töpfen blühen. Auf einer Brüstung oder einer Etagere am Sitzplatz stehen sie richtig. Auch ein Nachtdufter wie die Engelstrompete gehört nah an den Stuhl, wo Sie sich abends gern aufhalten.

Ein Duft wirkt umso intensiver, je häufiger Sie ihn wiederholen. Mehrere Pflanzen sind bei weniger tragenden Düften wie Vanilleblume zu empfehlen. Schwere und moschusartige Düfte dagegen lieber vorsichtiger einsetzen, da sie noch von Ferne wahrgenommen werden. Ganz nah am Haus wirken sie oft aufdringlich und übertönen zarte Gerüche.

Der schönste Schatten der Welt

Blüten und Blätter, die scheinbar bis in den Himmel wachsen, bestimmen das Bild der Landstriche und Gärten rund ums Mittelmeer. Mit berankten Pergolen, Mauern und Spalieren geben sie Ihrem Zuhause eine neue Dimension.

Und wenn es nur eine Viertelstunde am Tag ist – während der Siesta müßig im Schatten sitzen, gehört zu den schönsten südländischen Gepflogenheiten. Selbst in den kleinsten Orten gibt es immer einen Platz, der dazu einlädt, während der heißen Tageszeit abzuschalten oder ein Schwätzchen zu halten. Zum Schutz vor der Sonne werden viele Plätze überdacht oder mit Schirmen ausgestattet, am charmantesten sind aber sicher jene, die von einer Pergola oder Mauern eingerahmt werden, an denen Kletterpflanzen ranken – dolce vita kann so einfach sein.

Die klassische Pergola ist ein stabiles Rankgerüst, das aus drei Elementen besteht: Pfosten, Sattelbalken und Oberhölzer. Entlang des Mittelmeers werden Pergolen hauptsächlich aus rustikalem Eichen- oder Fichtenholz gemacht. Sie wirken aber erst, wenn z. B. Kletterpflanzen wie Blauregen (*Wisteria sinensis*) oder Echter Wein (*Vitis vinifera*) sie umgarnen. Die mediterranen Meister-Klettermaxe erobern mit langen Trieben mehrere Meter und spenden mit ihren Blättern, Blüten und Früchten den schönsten Schatten der Welt. Im Frühsommer überzieht der Blauregen die Pergola mit blauen Blütenwolken, bei Echtem Wein sitzt man später im Jahr unter einem Himmel voller Weintrauben. Zusammenpflanzen sollte man die beiden aber nicht, denn der Blauregen mit seinen dichten Blättern würde dem Echten Wein das Licht nehmen.

Auch am Mittelmeer haben die Menschen eine Vorliebe für Kletterrosen. Mit ihren langen Trieben halten sie sich überall fest und hüllen ganze Terrassen mit ihren duftenden Blüten ein. Und weil sich das Leben während der Abendstunden draußen abspielt, werden Rosen gern mit einem Gleißblatt (*Lonicera caprifolium*) kombiniert, das die laue Nachtluft durchdringend mit seinem betörenden Aroma erfüllt.

So genannten Schlingern wie dem Blauregen genügen aufrechte Stangen, an denen sie sich spiralförmig hinaufwinden. Geeignet sind runde Profile, die nicht dicker als 5 cm sind. Ranker wie der Echte Wein halten sich an Gittern fest – ideal mit einer Maschenweite von 15–40 cm. Klimmer wie die Kletterrosen haben lange, biegsame Triebe, mit denen sie an weiten rautenförmigen Spalieren entlang klettern.

Doch Pergolen können mehr, als Sitzplätze vor Sonne, Wind und neugierigen Blicken zu schützen. Freistehend unterteilen sie südländische Gärten in Zimmer und verwandeln als Laubengang langweilige Wege in romantische Pfade. Tradition in südländischen Gärten haben auch die Rosenbögen: Sie markieren besondere Stellen im Garten.

MOBIL IM KÜBEL

Flexibler als fest installierte Pergolen sind mobile Kästen auf Rollen zu händeln, die bereits mit Rankgittern bestückt sind. Hotel- und Barbesitzer an den langen Strandpromenaden verwenden die Elemente gern, um ihre Brasserie zu umgrenzen und einzelne Partien abzutrennen. Bestückt mit einjährigen Kletterpflan-

Pergolen werden rund ums Mittelmeer aus Holz gebaut. Mit Rosen und Clematis umrankt wird's romantisch.

zen wie der romantischen Duftwicke (*Lathyrus odoratus*) oder der himmlisch blauen Prunkwinde (*Ipomoea tricolor*) schirmen sie Blicke ab. Wenn Sie die Möglichkeit haben, frostempfindliche, exotische Kletterpflanzen zu überwintern, dann zögern Sie nicht, die Kästen mit Bleiwurz (*Plumbago auriculata*), Bougainvillea (*Bougainvillea*) oder Passionsblume (*Passiflora*-Arten) auszustatten. Dicht an dicht überziehen sie mit farbenfrohen Blüten die Spaliere. Eine Alternative ist der Sternjasmin (*Trachelospermum jasminoides*). Seine reinweißen Blüten sind auf den ersten Blick nicht so auffällig, duften aber himmlisch.

Grundsätzlich sollte die Spaliergröße der Wuchskraft der Pflanze angepasst sein. Stark wachsende Arten wie die Passionsblume brauchen große Spaliere, schwächer wachsenden wie dem Sternjasmin reichen kleinere Formen.

BLÜHENDE MAUERN

Ortschaften in den bergigen Landstrichen der Toskana, Cinque Terre oder Sierra Nevada sind geprägt von Mauern aus ockergelbem, brüchigem Sandstein. Sie stützen Häuser, schirmen Gärten vor fremden Blicken ab, teilen Wiesen, Felder und Grundstücke ein. Ihr Charme steigt mit dem Alter, wenn immer mehr Stellen bröckeln und Unregelmäßigkeiten auftreten. Häufig sorgen Efeu (*Hedera helix*) oder Fünfblättriger Wein (*Parthenocissus quinquefolia*) dafür, dass sie nicht kahl dastehen. Die Pflanzen klettern mit Haftorganen an rauen Wänden entlang. Bekannt aus südlichen Gärten ist die Trompetenwinde (*Campsis radicans*). Jeder gerät ins Staunen, wenn sich ihre orangenfarbenen bis scharlachroten Blüten zu Hunderten im Sommer öffnen. Der Kletterstrauch wächst gut an vollsonnigen und vor Wind geschützten Plätzen und ist nur in milden Gebieten völlig winterfest.

Die schönsten Kletterpflanzen

Name	Kletter-technik	Höhe	Standort, Eigenschaften
Blauregen *Wisteria sinensis*	Schlinger	6–15 m	Sonne; blüht weiß, rosa oder blau von Mai bis Juli
Geißblatt *Lonicera caprifolium*	Schlinger	2–8 m	Halbschatten; weiß, rosa, gelb im Sommer, zum Teil duftend
Kletterrose *Rosa* spec.	Klimmer	2–5 m	Sonne; versch. Farben, zum Teil duftend
Sternjasmin *Trachelo-spermum jasminoides*	Schlinger	bis 3 m	Sonne od. Halbschatten; blüht weiß, duftet, kälteempfindlich bis 10 °C
Trompeten-blume *Campsis radicans*	Kletterer	bis 12 m	Sonne; Blüten orange von Juli bis September, blüht erst einige Jahre nach der Pflanzung

19

Les eaus vives —
Wasserspiele, Wasserträume

Südländische Gärten wurden schon immer als Oasen der Stille angelegt, und Wasser als kühlendes Element hatte darin eine besondere Bedeutung. Kunstvoll wurden einfache Becken mit Wasserspielen kombiniert, um das kühle Nass glitzern, plätschern oder sprudeln zu lassen.

Wasser ist in südlichen Ländern ein sehr kostbares Gut, und in den Anfängen der Gartenkunst war es ein Luxus, Wasseranlagen zu integrieren. Riesige Brunnen, haushohe Speier und meterlange Kanäle zeugen in vielen Parkanlagen und Patios noch heute vom dimensionslosen Reichtum der Besitzer. Lassen Sie sich inspirieren, die ein oder andere zauberhafte Anregung zu Hause umzusetzen – bildschöne Kopien von mediterranen Wasseranlagen im Miniformat gibt es genug. Kein Garten ist zu klein, um nicht irgendwo ein Plätzchen für eine einfache Ausführung von stehendem oder bewegtem Wasser zu finden.

WASSERSPIELE

Wasser besitzt besonders dann eine magische Anziehungskraft, wenn es sprudelt, spritzt oder rieselt. Spielerische Leichtigkeit bringen Springbrunnen in den Garten. Je kleiner sie sind, desto näher sollte man sie am Haus platzieren. Besonders für Terrasse oder Balkon eignen sich kleinere Modelle. Weiter entfernt gelegene brauchen einen ruhigen Hintergrund, damit ihre Fontäne gut zur Geltung kommt. Denn nur vor Mauern oder Hecken funkeln die aufsteigenden Wassertropfen augenfällig in der Sonne.

Für Aufsehen in kleinen und großen Bassins und Teichen sorgen Figuren oder Skulpturen, die als Speier funktionieren. Unter den Wasserspeiern bestechen vor allem die Repliken antiker Figuren aus der Sagenwelt: Jungenfiguren, Wassergeister und Gottheiten halten Fische, Muscheln oder Seegetier, aus denen das Wasser rinnt. Traditionell sind die knie- bis mannshohen Figuren aus Mamor, Bronze, Blei oder Terrakotta. Meist wird mithilfe einer Umwälzpumpe das Wasser aus einem versteckten Vorratsbehälter geliefert. In mediterranen Gärten stehen die Figuren für jedermann sichtbar oft auf Mamorsockeln in formalen Wasserbecken oder kleinen Schalen.

Alternativ zu den rauschenden Spring- und Fontänenstrahlen lieben es die Gartenarchitekten, leise dahinrieselnde Schalen- oder Etagenbrunnen zu inszenieren. Sanft plätschert das Brunnenwasser über den Schalenrand in darunter liegende größere Schalen, um letztlich in einem Wasserbecken aufgefangen zu werden. Schalenbrunnen wirken erst dann, wenn sie aus Natursteinarten wie Marmor, Sandstein oder Granit gebaut sind.

Auch Wandbrunnen sind ein Zeugnis alter Gartenkunst. Schon seit Jahrhunderten kühlt ihr Wasserstrahl Höfe und Patios. Als Löwen, Stiere, Delfine oder finster blickende Gottheiten getarnt, beleben sie Mauern und Wände. Viele Nachbildungen sind auch heute noch ihren römischen und griechischen Vorbildern täuschend ähnlich. Da sie sich selbst auf engstem Raum unterbringen lassen, eignen sie sich gut für kleine Terrassen, Balkone oder Innenhöfe. Becken aus porösem Sandstein oder kalkhaltigem Gestein setzen in nassem Zustand schnell Patina an – sobald sie von Algen, Flechten und Moos überzogen sind, spiegeln sie den Stil südländischer Gartenarchitektur wider.

FORMALE BECKEN

Aufgrund ihrer klaren, geometrischen Linienführung haben formale Becken eine ruhige Ausstrahlung. Deshalb fügen sie sich besonders harmonisch in kleine Gärten ein. Zu den populärsten Beckenformen zählt zweifellos das Rechteck, schön sind aber auch quadratische und runde Becken. Formale Becken wirken gut auf ebenen Flächen, die mit Kies, Platten oder Pflaster ausgelegt sind. Sie sollten nur sparsam, zum Beispiel mit Seerosen, oder gar nicht bepflanzt werden. Es reicht, wenn Töpfe mit mediterranen Pflanzen, die man dicht am Rand aufreiht oder einzeln postiert, die harten Kanten überspielen. Mit ornamentalen Pflanzen wie Agave (*Agave*-Arten), Feigen (*Ficus carica*), Olivenbäumchen (*Olea europaea*) oder Palmen, deren ausdrucksstarke Blätter sich im Wasser spiegeln, erzielen Sie die beste Wirkung.

Was in der Nähe des Beckens natürlich nicht fehlen darf, ist ein Sitzplatz, von dem man einen schönen Blick über die ruhige Wasserfläche hat. Die Krönung sind kleine Wasserbecken, die direkt an eine Terrasse anschließen oder sie sogar unterteilen. Eine niedrige Skulptur auf der gegenüberliegenden Seite oder eine schöne Aussicht in den Garten macht die Stimmung perfekt. Eine warme Ausstrahlung haben Becken, die aus Kalk- oder Sandstein gebaut sind. Fasst man die Ränder mit blau und weiß glasierten Fliesen, den so genannten Azulejos, ein, ist südländische Stimmung garantiert.

Die Atmosphäre vieler maurischer und spanischer Gärten und Patios wird außerdem durch Wasserläufe und Kaskaden geprägt, die in formale Wasserbecken münden. Besonders leicht geneigtes Gelände und Hanggrundstücke eignen sich dafür, solche Bauten in die Gartengestaltung einzubinden. Schmale Rinnsale unterstreichen die Schönheit eines Sitzplatzes, indem sie ihn umranden.

Gönnen Sie sich Wasser auf Ihrer Terrasse! Denn welch Wonne breitet sich aus, wenn es plätschert und glitzert.

Sommerbeete für Romantiker

Es muss ja nicht gleich ein ganzes leuchtend blaues Lavendelfeld wie in der Provence, riesige Rosmarinbüsche wie in Italien oder ein Heer von violetten Mittagsblumen wie an der spanische Küste sein – trotzdem können wir mit vielen Mittelmeerpflanzen im kleinen Stil unsere Gärten gestalten.

Die meisten Stauden, Kräuter und Gehölze aus dem mediterranen Raum sind es gewohnt, mit kargen Böden zurechtzukommen. Darum sind sie bei uns wie geschaffen für trockene Beete an Terrassen, Hauswänden oder Wegrändern, wo nicht viel Regen hinfällt oder die Flächen sandig bis kiesig sind.

Reizvoll wirkt ein Beet, wenn man die Höhe der Pflanzen staffelt. Jedes Beet braucht Leitpflanzen, die das Bild dominieren. Mediterrane Hingucker sind z. B. die Palmlilie (*Yucca filamentosa*), aber auch Bartiris (*Iris barbarta*) oder Gemüse wie der Toskanische Palmkohl (*Cavolo nero*, s. S. 55) oder die Gemüse-Artischocke (*Cynara cardunculus*, s. S. 54).

Anschließend kombiniert man mit niedrigeren, unauffälligeren Stauden oder Sommerblumen, die die Flächen rundum füllen. Dabei bestimmen Formen und Farben der Blüten den Charakter eines Blumenbeetes. Zierliche, schlanke Rispen sollten sich mit dicken Doldenblüten oder flachen Korbblütlern abwechseln. Optisch aufgewertet wird die Gestaltung eines mediterranen Beetes durch Gehölze, z. B. immergrüne Buchskugeln, niedrige Kräuterhecken oder Rosenstämmchen.

SONNIGES BLÜTENMEER

Beete geben der Terrasse einen Rahmen und verbinden sie mit dem Garten. Damit der fließende Übergang gelingt, darf das Beet nicht zu schmal sein. Wie ein Blick aufs Meer wirkt eine Einfassung, die streifenweise mit den blauen und violetten Blüten von Lavendel (*Lavandula angustifolia*) und Salbei (*Salvia nemorosa*) bepflanzt ist. Eine mediterrane Note bekommt das Ton in Ton gestaltete Beet, wenn Sie grau- und silberlaubige Artischocken als Leitstauden dazwischen setzen. Bartiris (*Iris-Barbata*-Hybride) lässt das Beet dagegen in allen Farben des Regenbogens aufblühen. Romantische Akzente setzen Rosen: Sinnlich geben sie den Ton an, denn sie füllen die Beete mit ihren zarten Farben und Düften. Schöne Kavaliere mit mediterranem Flair sind der blaue Ehrenpreis (*Veronica prostrata*), das weiße Schleierkraut (*Gypsophila elegans*) und die blaue Balkan-Glockenblume (*Campanula poscharskyana*). Goldblättrige Formen von Salbei (*Salvia officinalis* 'Icterina') oder Zitronen-Thymian (*Thymus* x *citriodorus* 'Golden King') und Gräser überspielen die harten Beetränder im Vordergrund.

Als i-Tüpfelchen können Kalksteinscherben, Schiefer oder heller Kies einige Zentimeter dick zwischen die Stauden und Kräuter gestreut werden. Das betont nicht nur den südländischen Charakter, sondern unterdrückt auch das Unkraut.

BUNTES IM STEINGARTEN

Bei kleinen, ebenerdigen Terrassen bietet es sich an, sie mit flachen Steingartenpflanzen zu umgeben, da sie den Blick auf den Garten nicht behindern. Wunderschön blüht das violette Bergbohnenkraut (*Satureja montana*) zusammen mit Thymian (*Thymus serphyllum* 'Coccineus'). Auch Sukkulente wie die Mit-

tagsblume (*Dorotheanthus bellidiformis*) und Portulakrös-chen (*Portulaca grandiflora*) fühlen sich im Steingarten wohl. In kräftigen Farben leuchten die Blüten der Einjähri-gen den ganzen Sommer lang zwischen den Steinen. Damit sich die Pflanzen flächendeckend ausbreiten, ist es wichtig, dass vor dem Einpflanzen ein Kies-Sand-Gemisch etwa 10 cm tief in den Boden eingearbeitet wird.

ORNAMENTE MIT EINJÄHRIGEN

In südländischen Gärten werden einjährige Sommerblumen gern genommen, um die formale Gestaltung von Buchsbee-ten zu betonen. Diese geometrische Sommerblumen-Ästhe-tik hat ihren Ursprung in der Renaissance. Schon in den damaligen Villengärten wurden Sommerblumen in präzisen Reihen, Quadraten und Kreisen gepflanzt. Starke Kontraste sind im Süden ebenso beliebt wie romantische Ton-in-Ton-Kombinationen. Pinkfarbene Geranien leuchten neben blauen Vanilleblumen und orangefarbenen Gazanien, rosa Petunien gesellen sich zu weißen Kapkörbchen.

Auf so einer Bank zwischen Kräutern und Rosen lässt sich der Tag herrlich verträumen.

DER LETZTE SCHLIFF

Mediterrane Kübelpflanzen eignen sich hervorragend, um Beetlücken zu füllen oder Akzente im Garten zu setzen. Stel-len Sie doch einmal eine große Palme oder Palmlilie in das Zentrum eines formalen Beetes oder ans Ende eines Weges – die Wirkung wird Sie überzeugen. Eine Augenweide im Gar-ten sind auch Kübel mit Obelisken. Wenn Bougainvilleen (*Bougainvillea*), Duftwicken (*Lathyrus odoratus*) oder Stern-jasmin (*Trachelospermum jasminoides*) ihre Streben erobert haben, ist mediterraner Gartencharme garantiert. Alternativ können Sie die Klettergerüste auch direkt in den Boden stecken und mit winterharten Pflanzen bestücken.

Göttlicher Besuch im Garten: Zwischen Rosen, Taglilien und Neuseeländischem Flachs sorgt die Statue für Aufsehen.

Möbel

Amphore

Mosaiken

Obelisk

Geschirr

Terrakotta-Reliefs

Licht

Sonnenschirm

Möbel

Möbel aus **verschnörkeltem Eisen** oder **schlichtem Holz** machen das mediterrane Ambiente perfekt. Schwung auf Balkon und Terrasse bringen Stühle, Tische und Etageren, die farbig lackiert oder lasiert sind. Dabei darf die Farbe hier und da ruhig etwas abblättern. Auch eine rostrote, gewollte **Patina** steht für den unkonventionellen Lebensstil der Südländer. Ländlich wirken Sitzgruppen mit Tischplatten aus Holz oder Stein. Und damit's beim Sitzen bequem ist: Große Sitzflächen mit gemütlichen Kissen machen La dolce vita leichter.

Mosaiken

Seit Jahrhunderten werden in den Mittelmeerländern Gärten und Innenhöfe mit kleinen Mosaiken in verschiedenen Farben und Größen **kunstvoll verziert**. Die verspielten Bilder und Ornamente kleiden Wasserbecken und **Brunnen**, betonen Fenster, Türen und Durchgänge. Schon ein **Tisch** mit einer Mosaikplatte reicht, um mediterranes Flair auf die Terrasse zu zaubern. Mosaiken gibt es in allen Farben aus Keramik, Stein oder Glas. Steine, die Terrassenböden und Häuserwände dauerhaft schmücken, müssen bei uns frostfest sein.

Die Top 8 der

Amphore

Amphoren kommen aus Griechenland, Italien oder Nordafrika, wo sie ursprünglich zum **Aufbewahren** von Öl, Wein, Oliven oder Getreide getöpfert wurden. An den dickbauchigen Krügen mit den kleinen Henkeln guckt so schnell niemand vorbei. Sie wirken am besten, wenn sie sparsam oder gar **nicht bepflanzt** sind. Würdevoll geben Amphoren einem Beet das nötige **optische Gewicht** oder lenken an Hauseingängen die Aufmerksamkeit auf sich. Ob antik oder Nachbildung – für mediterrane Stimmung ist auf alle Fälle gesorgt.

Obelisk

In den formal angelegten mediterranen Gärten haben filigrane Ranksäulen und Obelisken einen festen Platz. Sie sind **vertikale Blickfänge** an Ecken und Wegenden oder im Beet. Mediterrane Impressionen werden auf Balkon und Terrasse wahr mit **Ranksäulen**, die in Terrakottatöpfen stecken. Die klassischen Modelle aus Eisen sorgen für Spannung, indem sie dekorativ Kletterpflanzen einrahmen. **Pinienzapfen** als Spitzen stehen für die Schönheit der südländischen Pflanzenwelt. Angeboten werden sie in allen Größen, von kniehoch bis übermannsgroß.

Geschirr

Südländisches Geschirr ist so verschieden wie die Länder rund ums Mittelmeer. **Getöpferte** Becher, Teller und Schalen, traditionell sonnengelb, bordeauxrot oder olivgrün lasiert, sind genauso beliebt wie mit Olivenfrüchten und -zweigen bemaltes Geschirr. Für edle Feste gibt es in Frankreich das besonders fein glasierte **Steingutgeschirr**, Fayence genannt. Servietten und Tischdecken aus **Leinen**, dickwandige Weingläser und Brotkörbe aus Weide – und schon fühlt man sich wie bei einem Picknick alla Italia.

Licht

Windlichter und Leuchten bringen nach Einbruch der Dämmerung die richtige Stimmung auf Terrasse und Balkon. **Laternen** aus rostigem Eisen verbreiten schöne, orientalische Stimmung. Ihre Kerzen schaffen dabei nicht nur eine heimelige Atmosphäre, sondern vertreiben, mit entsprechenden Duftstoffen versehen, sogar die Mücken. Beliebt sind **Kandelaber**, die man unter dem Dach aufhängt. Sie geben genügend Licht für eine große Tischgesellschaft. Strahler weisen im Dunkeln den Weg. Es gibt verschiedene Modelle mit südländischem Design.

Accessoires

Terrakotta-Reliefs

Die Schönheit gebrannter Erde fasziniert nicht nur bei Töpfen. Terrakotta dient seit alters her auch für Schalen oder Krüge. Aus geschmeidiger Masse modellierten die Künstler der **Antike** Götterabbildungen und **Symbole**. Ob ein Bacchus mit Trauben im Haar, eine strahlende **Sonne**, ein majestätisches Löwenhaupt oder andere Darstellungen – **Repliken** klassischer Motive haben heute Hochkonjunktur. Mit etwas **Patina** belegt wirkt ein solcher Abdruck wie eine echte Antiquität. Tagträume auf der Terrasse **entführen** Sie in die Welt der Göttersagen.

Sonnenschirm

Sonnenreiche, heiße Tage verbringt man am besten im Schatten unter einem Sonnenschirm. Gängig in den südlichen Landstrichen sind naturfarbene oder sonnengelbe Schirme, die mit **Baumwollstoff** oder **Leinen** bespannt sind. Vorteilhaft ist, wenn das Schirmdach eine **Entlüftung** in der Krone hat, sonst fliegt der Schirm bei der erstbesten Böe davon. Schirme gibt es in verschiedenen Größen zu kaufen. Bei guten Ausführungen kann der Stoff zum Waschen abgenommen werden. Schirmständer aus stabilem **Hartholz** garantieren ein langes Leben.

Praktisch: Löwenfüße als Topfheber

Romantisch: Eckiger Kübel mit Blütenrelief

Kleine Warenkunde: Töpfe

Kübel gibt es für jeden Geschmack aus Ton, Steingut, Kunststoff, Holz oder Metall. Doch keine erinnern mehr an das Mittelmeer als Töpfe aus Terrakotta.

Pflanzen kommen und gehen mit den Jahreszeiten, Kübel bleiben. Beständig und unauffällig trägt ihr Aussehen zur Stimmung am Haus bei. Viel Wärme, Natürlichkeit und vor allem mediterranes Flair strahlen Töpfe aus Terrakotta aus. Mit der Vielfalt der angebotenen Gefäße können Sie auf unzählige Art und Weise Balkon, Terrasse und Garten fantasievoll gestalten. Setzen Sie die »richtige« Pflanze in den passenden Topf und bekommt er noch einen besonderen Platz, wird das Arrangement zum Blickfang Ihres Topfgartens. Schon kleine Kästen mit Sommerblumen füllen leere Fenstersimse und Balkongeländer mit den Farben des Südens, Gruppen aus unterschiedlich großen Töpfen verwandeln Terrassen in Urlaubsparadiese und Riesenurnen geben Gartenbeeten südländisches Gewicht (s. auch S. 12/13).

Alle nur erdenklichen Größen und Formen kann man in Gärtnereien, Gartencentern oder Spezialgeschäften kaufen – elegant aus schlichten Wänden geformt oder prunkvoll mit Girlanden und Früchten verziert. Welchen Stil man bevorzugt, ist Geschmackssache. Aber vielleicht haben Sie sich immer schon gefragt, warum gleich große Töpfe so gravierend unterschiedlich teuer sein können. Das hängt zum einen stark von der Qualität des Tons ab und zum anderen davon, ob die Töpfe von Hand oder maschinell gefertigt werden.

DER TON MACHT DEN TOPF

Echte Impruneta-Terrakotta trägt den Namen des toskanischen Dorfes Impruneta, das weltberühmt für seine Gartenkeramik ist. Es liegt in einer Region, wo die Erde viele verschiedene Metalloxide (Aluminium, Kupfer, Eisen) enthält, die dem Ton besondere Eigenschaften geben. Er brennt sehr hart aus, weshalb die Gefäße fast kein Wasser aufnehmen und daher sehr frostfest sind. Teuer sind die Gefäße aber nicht nur wegen ihrer Frosthärte. Da die Erde sehr spröde ist, lässt sie sich nur schwer verarbei-

Glänzend: Blau glasierte Kübel | Modern: Schlichte, konische Töpfe

ten. Die Töpfe werden bis ins Detail von Hand gemacht, und darin sind Töpferfamilien aus Impruneta einfach Meister ihres Fachs. Erkennen können Sie die Originalgefäße leicht an der auffälligen »Impruneta-Prägung« Der Klopftest zeigt Ihnen, dass echte Impruneta-Terrakotta etwas blechern klingt, wasserspeichernde und daher minderwertigere Terrakotta tönt eher dumpf.

Neben der Impruneta-Terrakotta gibt es selbstverständlich auch andere hochwertige Keramiken, z. B. aus Spanien, Portugal, Südfrankreich oder Italien. Sie werden auf der Töpferscheibe von Hand gedreht oder maschinell gefertigt und nur in kleineren Serien angeboten. Sie erkennen die Handgefertigten nicht nur am Preis, sondern auch daran, dass sie unregelmäßiger geformt sind und die Oberfläche nicht so glatt wirkt. Diese Terrakottatöpfe speichern kaum Wasser und sind relativ frostfest.

Auch Gefäße aus Asien werden handgefertigt. Dass sie relativ günstig angeboten werden, liegt an den niedrigen Lohnkosten. Von Nachteil ist, dass die Gefäße oft aus grober Tonerde hergestellt werden. Die dicken Wände saugen viel Wasser auf und sind meist nicht frostbeständig. Ihre blauen, grünen und braunen Lasuren wirken unterschiedlich: von bäuerlich bis nobel.

GÜNSTIGE ALTERNATIVEN

Am billigsten sind Standard-Töpfe. Sie werden maschinell aus gleichmäßig feinen Tonmischungen gefertigt, die in Formen gegossen und sehr porös verbrannt werden. Sie saugen viel Wasser auf und sind nicht frostfest. Die poröse Oberfläche nimmt aus der Erde Mineralien auf, die an der Oberfläche ausblühen. Kunststofftöpfe sind leichter als Terrakottagefäße – für besonders große Kübelpflanzen ein nicht zu unterschätzender Vorteil! Sehr praktisch sind Töpfe und Kästen, die mit einem Wasservorratsspeicher ausgestattet sind, das erspart häufiges Gießen. Ein Nachteil ist, dass es den Wurzeln in den Töpfen an sonnigen Plätzen schnell zu warm wird. Mittlerweile gibt es Kunststofftöpfe, die den Terrakottagefäßen täuschend ähnlich sind. Preisunterschiede kommen durch Design und Kunststoffart zustande: Hochwertige Kunststofftöpfe sind frostfest, billige können springen, wenn gefrierende Erde sich darin ausdehnt.

DAS MUSS EINFACH SEIN

Was auf keinen Fall fehlen darf, sind Abflusslöcher im Topfboden. Überschüssiges Gieß- oder Regenwasser muss abfließen können, sonst faulen die Wurzeln. Gefäße ohne Abflusslöcher kann man nur als Übertöpfe benutzen. Damit das Wasser gut abfließen kann, sollte der Kübel einige Zentimeter über dem Boden »schweben«. Spezielle Tonfüße sehen toll aus, sind aber teuer. Fliesenreste oder Wäscheklammern, die man unter den Kübel schiebt, erfüllen den gleichen Zweck. Achten Sie auf Kippsicherheit – schwere Gefäße, z. B. aus Terrakotta, sind standfester und darum windfester. Auch die Tragfähigkeit Ihres Balkons sollte geprüft werden, wenn Sie besonders schwere Kübelpflanzen aufstellen möchten.

PFLANZEN FÜR DEN MITTELMEERGARTEN

Schaffen Sie sich **rund ums Haus** eine Welt mit mediterranen Pflanzen in **leuchtenden Farben** und **göttlichen Düften,** die das Fernweh stillen. Hier lernen Sie Kübelpflanzen, Kräuter und Obst kennen, die am **Mittelmeer zu Hause** sind. Die Auswahl ist groß, suchen Sie sich einfach aus, was Ihnen gefällt!

Töpfe machen's möglich —
Stars aus dem Süden

Weil sie Träume von südlichen Ländern mit Leben füllen, ziehen immer mehr mediterrane Kübelpflanzen auf unsere Terrassen und Balkone. In stattlichen Größen und prächtigen Farben verwöhnen sie uns mit Urlaubsflair.

Kübelpflanzen sind ausdauernde Gewächse, die in den Tropen und Subtropen wie Afrika, Australien oder Südamerika zu Hause sind. Durch den weltweiten Pflanzenhandel wurden sie auch in den Mittelmeerländern eingebürgert. Bei uns können sie nur in Glashäusern wachsen oder wir halten sie auf Balkonen und Terrassen in Kübeln, damit man sie vor der kalten Saison in ein frostfreies Quartier schaffen kann.

Es gibt immergrüne und Laub abwerfende Arten, wobei viele der Laub abwerfenden die Blätter nur fallen lassen, wenn sie dunkel überwintert werden. Zu den immergrünen Kübelpflanzen gehören z. B. Zitrusgewächse und der Oleander (*Nerium olean-der*). Die mannshohe Engelstrompete (*Brugmansia*), Bleiwurz (*Plumbago auriculata*) und Echte Feige (*Ficus carica*) werfen ihre Blätter ab. Je nach Art ziehen sie es vor, die kalte Jahreszeit in dunklen Kellern, in kalten Garagen oder an warmen Plätzen zu überdauern (s. auch S. 82/83). Falls Ihnen ein geeigneter Platz für den Winter fehlt, können Sie Ihre Kübelpflanzen in Gärtnereien abgeben, die sie den Winter über gegen einen geringen Geldbetrag gern bei sich pflegen.

AUGENWEIDEN

Nicht umsonst sind Kübelpflanzen wie Wandelröschen (*Lantana-Camara*-Hybride), Engelstrompete (*Brugmansia*-Arten) und Oleander (*Nerium oleander*) so beliebt. Schon von weitem fallen die riesigen Blüten der Engelstrompete oder der spektakuläre Farbenwechsel des Wandelröschens auf. Selbst in der hintersten Ecke der Terrasse ziehen die großen Kübelpflanzen sofort die Aufmerksamkeit auf sich. Das gleiche gilt für den Oleander: Ob in den Mittelmeerländern als Autobahnbegleitpflanzung oder romantische Terrasseneinfassung – er verkörpert einfach das Sinnbild des paradiesischen Südens. Im Spätsommer trumpft die Kreppmyrte (*Lagerstroemia indica*) auf. Rosa und purpur-farben taucht der Strauch seine Umgebung in ein romantisches Licht. Da die Kreppmyrte empfindlich auf erhitzte Wurzelballen reagiert, tut man gut daran, die Töpfe halbschattig zu stellen.

Die Kombination von weißen und blauen Blüten wirkt wie Wattewölkchen am Sommerhimmel (s. S. 10/11). Strauchmargerite (*Chrysanthemum frutescens*) und Schmucklilie (*Agapanthus*-Arten) dürfen deshalb auf keiner mediterranen Terrasse fehlen. Die beiden kommen besonders gut als Doppelpack an Türen und Fenstern zur Geltung.

Alle diese Kübelpflanzen stehen gern sonnig und warm, und sie brauchen regelmäßig Wasser. Besonders durstig sind Engelstrompete und Strauchmargerite. Sie müssen bei großer Hitze sogar zweimal täglich gegossen werden. Der Oleander gehört zu den wenigen Kübelpflanzen, die kalkhaltiges Wasser brauchen. Bei ihm sollte der Untersetzer stets gefüllt sein. Während Kreppmyrte und Schmucklilie alle 14 Tage eine Portion flüssiger Kübelpflanzendünger genügt, müssen Wandelröschen, Oleander, Strauchmargerite einmal, die Engelstrompete zweimal wöchent-

lich mit Nährstoffen versorgt werden. Wandelröschen, Strauchmargerite und Kreppmyrte bleiben kompakt, wenn man die Triebe im Laufe des Sommers mehrfach stutzt.

GAUMENSCHMAUS

Die Echte Feige (*Ficus carica*) ist ein sommergrüner Baum, der nur so vor Vitalität strotzt. Er trägt große, kräftig grüne Blätter und bildet hübsche blaugrüne Früchte. Genau wie bei der Feige steigt der Charme der Olive (*Olea europaea*) mit dem Alter. Mit ihren silbrigen Blättern passt sie perfekt auf einen mediterranen Balkon. Vielleicht setzen beide Mittelmeerpflanzen bei Ihnen sogar einige Früchte an!

Bewundernswert viele schöne Seiten hat die Wollmispel (*Eriobotrya japonica*). Dunkelgrün und silbrig weiß scheinen ihre 20-25 cm langen Blätter in der Sonne, die wolligen Triebe schimmern im Gegenlicht. Die großen Blätter machen den Baum zum idealen Schattenspender. Im Spätsommer sind die gelben, blumig duftenden Früchte erntereif; als Konfitüre schmecken sie einfach köstlich.

Der Granatapfel (*Punica granatum*) tritt etwas dezenter auf. Der unkomplizierte Strauch wächst sehr langsam und ist deshalb für alle, die wenig Platz haben, genau das richtige. Attraktiv sind die scharlachroten Blüten und Früchte, die er an warmen Plätzen in Massen ansetzt. Damit Sie sich an den Früchten auch erfreuen können, sollte man dem Granatapfel einen Platz im Vordergrund gönnen.

Wollmispeln brauchen viel Wasser, vertragen aber keinen Kalk. Der Granatapfel liebt es, in gleichmäßig feuchter Erde zu stehen. Wer es mit dem Gießen nicht so hat, ist mit Feige und Olive besser bedient, weil es diesen Pflanzen bestens bekommt, wenn die Erde bis zum nächsten Gießen etwas antrocknet.

Bis die Früchte des Erdbeerbaumes (Arbutus unedo) reif sind, vergeht fast ein Jahr – von Herbst bis Sommer.

Der Chinesische Roseneibisch (Hibiscus rosa-sinensis) braucht volle Sonne, um viele Blütenknospen zu bilden.

Las Palmeras —
Zauber des Südens

Wie im Urlaub unter Palmen zu sitzen, davon träumen wir das ganze Jahr. Sie können sich diesen Wunsch erfüllen! Es gibt eine große Auswahl an Palmen für Wintergarten, Balkon und Terrasse. Einfach aussuchen und hinstellen.

TIPP

Lieblingsplätze

➤ Zu den Palmen für Zimmer und Wintergärten, in denen es im ganzen Jahr warm ist (18–20°C), gehören Bergpalme (*Chamaedorea elegans*), Kentiapalme (*Howea forsteriana*), Schirmpalme (*Livistona rotundifolia*) und Dattelpalme (*Phoenix roebelenii*).

➤ Auf Balkon und Terrasse stehen gern Dattelpalme (*Phoenix canariensis*), Petticoatpalme (*Washingtonia*-Arten), Schirmpalme (*Livistona australis, L. chinensis*) und Zwergpalme (*Chamaerops humilis*). Achtung: bitte kühl bei 5–12 °C überwintern.

➤ Die Chinesische Hanfpalme (*Trachycarpus fortunei*) bringt eine gute Portion Kältetoleranz bis −15 °C mit. In klimatisch günstigen Regionen kann man es durchaus wagen, sie im Freien zu überwintern.

Palmen! Allein schon das Wort zaubert schöne Bilder vor unser geistiges Auge und bringt uns in Ferienstimmung: Mit Wedeln gesäumte Strandpromenaden tauchen aus der Erinnerung auf. Sehnsuchtsvoll denkt man an Caféhäuser mit Meerblick und an Urlaub vollgepackt mit Sonne und Strand. Eine gute Portion dieses südländischen Flairs können Sie sich nach Hause holen, denn Palmen wachsen auch in unserem Klima, wenn man sie im Winter frostfrei hält.

GESTERN UND HEUTE EN VOGUE

Palmen sind sehr alte Pflanzen, die sich im Laufe von Millionen Jahren rund um den Globus ausgebreitet haben. Die frostempfindlichen Geschöpfe wachsen ausschließlich in den tropischen und subtropischen Regionen. Nach Europa gelangten die ersten Palmen im 16. Jahrhundert, als Entdeckungsreisende sie als kostbare Schätze für ihre Sponsoren mitbrachten. Öffentliche Palmenhäuser mit den neu erfundenen Zentralheizungen wurden Anfang des 19. Jahrhunderts in München, Berlin und Frankfurt gebaut und waren die Attraktion für die Menschen. Alsbald mauserte sich die Palme zur Modepflanze und zog in die Wintergärten und Salons des gehobenen Bürgertums ein. Dann verblasste für einige Jahrzehnte das Interesse an ihnen. Aber seit neuestem sind Palmen wieder absolut in! Bei einem Besuch im Palmengarten in Frankfurt können Sie sich wunderbar inspirieren lassen. Es lohnt sich!

Die Dattelpalme (Phoenix roebelenii) hat's gerne warm, wo ihr eleganter Anblick unsere Gedanken in den Süden entführt.

Die kompakte Zwergpalme (Chamaerops humilis) ist vielleicht die schönste unter den Palmen.

MEIN PALMENGARTEN

Mit Palmen gestalten macht Lust und Laune! Ihr Markenzeichen sind die ornamentalen Blätter, die bei fast allen Arten am Ende eines unverzweigten Stammes sitzen. Ob Fiederpalme mit ihren typischen Palmenwedeln oder Fächerpalme mit fast runden Blättern – für jeden Platz findet sich die richtige Palme. Die meisten Exemplare fühlen sich am wohlsten, wenn sie hell, aber nicht sonnig stehen. Eine Ausnahme ist die Bergpalme, die sogar in einem schattigen Flur südliche Stimmung bringt.

Große Palmen wirken recht dominierend. Sie sehen fantastisch aus, wenn sie vor einem hellen, ruhigen Hintergrund stehen, harmonieren aber auch gut mit anderen mediterranen Kübelpflanzen (z. B. Agave, Zitruspflanzen). In einem ausreichend großen Topf können Sie Ihrer Palme auch sehr gut Gesellschaft unterpflanzen. Flach wachsende Arten wie die Kletterfeige (*Ficus pumila*) eignen sich gut, da sie den eigenwilligen Charakter einer Palme nicht stören.

PALMENPFLEGE

Viele Palmen verbringen den Sommer am liebsten draußen – diese Vorliebe kommt Ihnen natürlich besonders entgegen, wenn Sie ein mediterranes Plätzchen mit südlichen Pflanzen bestücken möchten! Bei frischer Luft auf der Terrasse stärken sich ihre Wedel für den Winter.

Palmen brauchen hohe Luftfeuchtigkeit. Tun Sie ihnen den Gefallen und sprühen Sie sie bei warmem Wetter regelmäßig ein, damit ihre Blattspitzen nicht austrocknen und sich braun färben. Eine gute Idee ist auch, wenn Sie den Topf auf eine Schicht Blähton oder Kiesel stellen, die unten im Übertopf liegen. Jetzt darf im Übertopf so viel Wasser stehen, bis die Steine bedeckt sind. Das Wasser kann so ständig verdunsten, ohne dass die Wurzeln im Wasser stehen. Gießen Sie durchdringend, danach das Substrat wieder trocknen lassen. Mit normaler Einheitserde sind Palmen zufrieden. Einige kommen auch gut in Hydrokultur zurecht, z. B. Kentia- und Dattelpalme.

Strauchmargerite *(Chrysanthemum frutescens)*

Engelstrompete *(Brugmansia)*

Oleander *(Nerium oleander)*

Schmucklilie *(Agapanthus)*

Hammerstrauch (*Cestrum elegans*)

Kreppmyrte (*Lagerstroemia indica*)

Wandelröschen (*Lantana-Camara-*Hybriden)

Granatapfel (*Punica granatum*)

Strauchmargerite

Wenn die 50–100 cm hohe Strauchmargerite *(Chrysanthemum frutescens)* ihre weißen, rosa oder gelben Blüten zu hunderten öffnet, blüht jedes Gärtnerherz auf – egal ob als **Hochstämmchen** oder **Busch** im Kübel. Zur Hochform läuft die Pflanze auf, wenn sie vollsonnig und warm in nährstoffreicher Erde steht. Sie braucht **sehr viel Wasser,** gedüngt wird wöchentlich. Welke Blüten regelmäßig am Stielansatz abschneiden und die ganze Pflanze 2–3-mal zurückschneiden. Im Winter ist ein heller, kühler (5–12 °C) Standort optimal.

Engelstrompete

An den trichterförmigen Blüten der *Brugmansia* guckt keiner vorbei. Wie toll macht sie sich in der Nähe einer **Sitzgruppe!** Je nach Art oder Sorte werden die weißen, gelben, orangen oder rosa Blüten bis zu 50 cm lang, viele duften sogar. Die bis zu 5 m hohen Pflanzen stehen gern an einem windgeschützten, sonnigen bis halbschattigen Platz. Engelstrompeten sind **Nimmersatte**. Sie brauchen **enorm viel Wasser** und Dünger. Gießen Sie bis zu zweimal täglich und düngen Sie wöchentlich. Im Herbst radikal zurückschneiden.

Die Top 8 der

Oleander

Oleander verbreitet **mediterranes Flair pur!** Der immergrüne, sehr **pflegeleichte** Busch *(Nerium oleander)* wird 1,5–2,5 m hoch, seine Blüten strahlen gelb, rosa, orange, rot, weiß oder violett von Juni bis September und manche duften sogar. Im Sommer braucht er reichlich **kalkhaltiges** Leitungswasser, im Untersetzer kann immer welches stehen. Schützen Sie ihn unbedingt vor Kälte und Regen, sonst fallen die Blüten ab. Im Herbst müssen die ältesten Triebe gestutzt werden. Oleander übersteht den Winter am besten in einem frostfreien, hellen Raum.

Schmucklilie

Agapanthus-Arten dürfen auf keinem Mittelmeerbalkon fehlen! Von Juli bis August scheinen weiße, blaue oder violette **Blütenschirme** an langen Stielen zu schweben. Schmucklilien stehen gern **sonnig** bis halbschattig und warm. Vor und während der Blüte **reichlich wässern,** danach nur mäßig gießen und gar nicht mehr düngen. Manche Sorten ziehen die bis zu einen Meter langen, schmalen Blätter zum Winter ein. Der Topf wird frostfrei überwintert und fast trocken gehalten. Bleiben die Blätter grün, werden sie hell und kühl (5–12 °C) überwintert.

Hammerstrauch

Der 2,5–3 m hohe Hammerstrauch (*Cestrum*-Arten) strahlt Exotic pur aus. **Rot, orange** oder **kupfer** leuchten die Blüten gleich büschelweise **das ganze Jahr** über – wenn man ihn hell und warm überwintert. Er liebt volle Sonne, aber an sehr warmen Tagen zieht er einen Platz im Halbschatten vor. Viel gießen und einmal die Woche düngen, bei Überwinterung im warmen Wintergarten alle 2–3 Wochen. Nach der Blüte zurückschneiden, damit sich neue Triebe für die kommende Blüte bilden. Alle Sorten lassen sich als Hochstämmchen ziehen.

Kreppmyrte

Rosa und purpurfarben leuchten die Blütenrispen der *Lagerstroemia indica* von Juli bis September. Im Mittelmeerraum ist sie **weit verbreitet** und wird dort bis zu 10 m hoch; im Kübel bleibt sie handlicher. Kreppmyrten lieben im Sommer einen warmen, sonnigen und windgeschützten Platz und brauchen regelmäßig Wasser. Man muss sie hell und kühl (0–10 °C) überwintern. Regelmäßig gestutzt mausern sie sich zu **dichten Büschen**, die überall echte Fernwirkung haben. Kreppmyrten lassen sich aber auch gut als Hochstämmchen ziehen.

Kübelpflanzen

Wandelröschen

Heute Gelb, morgen Orange. *Lantana-Camara*-Hybriden machen ihrem Namen alle Ehre! Sie stehen am liebsten **vollsonnig** und warm. Halten Sie sie feucht und düngen Sie wöchentlich. Damit die bis zu 1 m hohen, buschigen Pflanzen kompakt bleiben, werden die Triebe im Laufe des Sommers mehrfach gestutzt. Brechen Sie auch die grünen (giftigen!) Beeren aus. Den Winter über können sie hell, optimal bei 10–15 °C, oder dunkel stehen. Wandelröschen gibt's als **Hochstämmchen,** kleine Exemplare passen gut zu anderen Blumen in Balkonkästen.

Granatapfel

Der Granatapfel (*Punica granatum*) ist ein **unkomplizierter** Strauch mit großem Charme. 2 m hoch, blüht er je nach Sorte von Juni bis September rot, weiß oder gelb. Äußerst attraktiv sind die schönen **scharlachroten Früchte,** die er an einem sonnigen und windgeschützten Platz in Massen ansetzt. Halten Sie ihn gleichmäßig feucht und düngen Sie alle zwei Wochen. Ab Ende August weniger gießen und im Herbst die ältesten Triebe auslichten. Überwintert wird er hell und kühl (5–12 °C). Ob als Solist oder kombiniert – er macht immer eine gute Figur.

Bougainvillea —
Ein Feuerwerk der Blüten

Bougainvilleen sind längst nicht so kompliziert wie ihr Name. Die Klettersträucher wachsen schnell und blühen üppig, wenn man nur ein bisschen auf ihre Wünsche eingeht.

Wer einmal eine Hauswand gesehen hat, die eine Bougainvillea vom Boden bis zum Dach in ein Blütenmeer verwandelt hat, vergisst den Anblick nie. Zu schön, zu intensiv strahlen ihre Farben. In einem schönen Gefäß leuchten sie auch in unserem Kübelgarten.

In allen Mittelmeerländern sind Bougainvilleen nicht mehr wegzudenken; ihre eigentliche Heimat aber ist Südamerika. Den komplizierten Namen haben sie von ihrem Entdecker geerbt, einem französischen Seefahrer namens Louis-Antoine Comte de Bougainville, der im 18. Jahrhundert die Erde umsegelte. Hierzulande sind Bougainvilleen auch unter den Namen Wunderblumen oder Drillingsblumen bekannt. Letzterer macht darauf aufmerksam, dass ihre Hochblätter jeweils zu dritt zusammenstehen. Sie sind auch verantwortlich dafür, dass die Bougainvilleen so farbenfroh leuchten. Oval, spitz oder leicht gekräuselt umringen sie im Trio die eigentliche, unscheinbare Blüte. Sie bleiben ungemein lang frisch und entwickeln sich in mehreren Schüben pro Jahr.

Nach einer üppigen Frühjahrsblüte in Weiß, Gelb-Orange, Rot, Rosa, Kupfer und Violett machen Bougainvilleen eine Pause von 3–4 Wochen. In dieser Zeit schneidet man die Triebspitzen um die Hälfte zurück und hält die Pflanze trocken. Sobald die neuen Blütenknospen erscheinen, gießen Sie die Pflanze wieder, dann setzt sich das Blütenspektakel bald fort.

Ob in Weiß, Gelb-Orange, Rot, Pink, Rosa oder Kupfer –
Bougainvilleen blühen mehrmals im Jahr.

Die bunten »Blüten« sind eigentlich Hochblätter – im Trio umringen sie die unscheinbare Blüte.

Bougainvillea glabra blüht dreimal im Jahr. Im Winter braucht sie eine Pause. Am besten übersteht die Pflanze die kalte und dunkle Jahreszeit bei 5–10 °C. Im Kübel können Sie sie an einen halbdunklen Platz stellen, denn sie wirft einen Teil ihrer Blätter ab. Im Februar treibt die Pflanze wieder aus. Gönnen Sie ihr jetzt einen hellen, warmen Platz bei 15–20 °C, dann färben sich die ersten Hochblätter schon im April wieder bunt.

Anders verhalten sich die *Bougainvillea* x *Buttiana*-Hybriden. Unermüdlich blühen sie bis zu sechsmal im Jahr, wenn man sie im Winter an einen sehr hellen Platz im Wintergarten bei Temperaturen über 15 °C stellt, idealerweise zwischen 18 und 25 °C. Ab Mitte Mai dürfen die frostempfindlichen Bougainvilleen nach draußen.

SO LEBT ES SICH GUT

Mäßig, aber regelmäßig schneiden – das ist das Geheimnis der Bougainvilleenblüte. Nehmen Sie nach jeder Blüte den jungen Zuwachs um die Hälfte zurück. Das regt die Pflanze an, viele neue Seitentriebe zu bilden, daran blüht sie reicher als an langen. Schneiden Sie nicht ins alte Holz, aus ihm treiben Bougainvilleen nur schlecht wieder aus.

Bougainvilleen lieben warme, sonnige und windgeschützte Standorte. Je länger und kräftiger die Sonne scheint, desto üppiger blühen sie. In verregneten Sommern fällt die Blüte schwächer aus und im Halbschatten und Schatten blühen sie nicht. Gießen Sie Bougainvilleen regelmäßig und besonders reichlich, wenn es warm ist – der Wurzelballen sollte im Sommer immer feucht sein. Bei hartem Leitungswasser lieber mit Regenwasser gießen, da sie kalkempfindlich sind. Gedüngt werden Bougainvilleen von April bis September wöchentlich mit einem flüssigen Kübelpflanzendünger.

Bougainvilleen machen jede Form mit

➤ Bougainvilleen sind Sträucher, die mit Sprossdornen auf einer geeigneten Unterlage, z. B. einem Spalier emporklettern. Die kapriziösen Pflanzen wachsen schnell und kräftig und haben keine Probleme, mit ihren Trieben 3–4 Meter hohe Wände zu überwinden.

➤ Bougainvilleen treiben gut aus. Deshalb lassen sie sich im Topf hervorragend als Hochstämmchen ziehen, wenn man regelmäßig die unteren Triebe am Stamm abschneidet und die Krone stutzt. Auch an einem Spalier aus Bambusstäben, die man zu dritt wie ein Zelt in einen Topf steckt, haken sich die Pflanzen mit ihren Dornen fest und bilden dichte Büsche. Wer nur einen kleinen Balkon hat, muss also nicht auf ihre südländischen Knallfarben verzichten.

Blauregen *(Wisteria sinensis)*

Trompetenblume *(Campsis radicans)*

Geißblatt *(Lonicera-*Arten)

Sternjasmin *(Trachelospermum jasminoides)*

Kletterrose *(Rosa-Arten)*

Passionsblume *(Passiflora-Arten)*

Duftwicke *(Lathyrus odoratus)*

Prunkwinde *(Ipomoea tricolor)*

Blauregen

Bombastische **Blütentrauben** sind nicht nur in südlichen Ländern seine Stärke. Von April bis Mai leuchten und **duften** je nach Art oder Sorte bis zu 30 cm lange Blütentriebe in Blau, Weiß oder Rosa. Er wächst gut in nährstoffreicher Erde, auf Balkon und Terrasse sollte man ihm einen **extragroßen Kübel** gönnen, weil sich seine Wurzeln stark ausbreiten. An warmen und sonnigen Plätzen kann sich *Wisteria sinensis* an einer robusten Stütze **bis 15 m** hinauf schlingen. Die Sorte 'Blue Dream' lässt sich als Hochstämmchen ziehen.

Geißblatt

Lonicera hat viele Qualitäten. Gleich büschelweise färben sich seine Röhrenblüten gelb, rosa oder weiß **bis in den Herbst** hinein. Zum Teil **duften** die Sorten – besonders abends – intensiv nach Honig, Zitrone oder Gewürznelken. Der Schlinger ist hart im Nehmen: Das **winterharte** Gehölz wächst in der Sonne genauso gut wie im Halbschatten und erobert je nach Art 2–8 m hohe Wände. Er braucht nicht viel Dünger – der Ballen darf nur nicht austrocknen. **Nach der Blüte** müssen Triebe lediglich ausgelichtet werden.

Die Top 8 der

Trompetenblume

Wo *Campsis radicans* in voller Blüte steht, ist es so, als würde die Sonne ihr schönstes Abendlicht verschenken. Der Kletterstrauch blüht nur an einem **vollsonnigen** und **windgeschützten** Platz, optimal also an einer Hauswand oder Gartenmauer. Zudem braucht die Trompetenblume einen nährstoffreichen und durchlässigen Boden. Da sie nur am jungen Holz blüht, sollten im Frühjahr einfach alle Seitentriebe auf zwei bis drei Augen zurückgeschnitten werden. Der Kletterer wächst an einer kräftigen Stütze **6–12 m hoch.**

Sternjasmin

Der Sternjasmin (*Trachelospermum jasminoides*) gehört in mediterranen Ländern zu den **beliebtesten** Kletterpflanzen. Seine reinweißen, sternförmigen und **duftenden** Blüten erfreuen das ganze Jahr außer im Winter. Der langsame Kletterer ist immergrün, liebt Sonne, wächst aber auch im Halbschatten. Entfernen Sie gelegentlich die Triebspitzen, dann verzweigt er sich gut. Der Sternjasmin ist eine schöne Kletterpflanze für **kalte Wintergärten.** Ausgepflanzt in Bodenbeeten unter Glas hält er sogar Temperaturen bis −10 °C aus.

Kletterrose

Rosen (*Rosa*-Arten) sind überall beliebt. Darum hüllen sie auch in südlichen Ländern Rankgerüste, Pergolen, Pavillons und Wände mit ihrer überwältigen **Blütenfülle** ein. Es gibt einmal- und öfterblühende Sorten. 3–5 m hoch wachsen zum Beispiel die scharlachrote 'Dortmund', die hellrosa 'New Dawn' oder die gelbe 'Goldstern'. Rosen brauchen **viel Sonne** und Nährstoffe. Sie sollten Anfang April und nochmals Anfang Juli mit einem Langzeitdünger versorgt werden. Gut geht es ihnen, wenn sie in spezieller Rosenerde getopft und regelmäßig gegossen werden.

Passionsblume

Bizarre Blütenformen machen die *Passiflora*-Arten so **faszinierend**. Es gibt mehr als 90 Arten, die bei uns gedeihen. Einige fühlen sich nur wohl, wenn sie ganzjährig im warmen Wintergarten stehen, einige können frostfrei im Kübel überwintert werden, andere überstehen sogar ausgepflanzt im Garten Fröste. Am liebsten steht das Tropenkind **warm** und luftfeucht, pralle Sonne und Wind liebt es nicht. Im Sommer muss der Ranker reichlich gegossen und wöchentlich gedüngt werden. Im Frühjahr die Seitentriebe auf 4–8 Blattansätze zurückschneiden.

Kletterpflanzen

Duftwicke

Mit ihrem zierlichen Wuchs, pastelligen Blüten und herrlichen Geruch erobert *Lathyrus odoratus* in ganz Europa die Gärtnerherzen. Ihre **3–5 cm großen Blüten** erscheinen von Juni bis September in allen Farben außer Gelb. Sie liebt es, windgeschützt zu stehen und braucht viel Licht und Wärme. Der Boden sollte locker und durchlässig sein. Düngen Sie sie wöchentlich und entfernen Sie alles Verblühte, dann blüht sie ununterbrochen. Mit Duftwicken können Sie **Gartenzäune** beranken, sie wachsen aber auch in Kästen und Kübeln **am Spalier** sehr schön.

Prunkwinde

Zweifellos ist *Ipomoea tricolor* eine der schönsten einjährigen Kletterpflanzen. Zwischen den **herzförmigen Blättern** erscheinen die bis zu 10 cm großen, trichterförmigen Blüten von Juli bis zu den ersten Frösten. Wer aber ihre Schönheit bewundern möchte, muss früh aufstehen: Die Blüten öffnen sich **nur bei Sonnenschein** und nur am **Morgen** für ein paar Stunden. Die Prunkwinde schlingt an Rankspalieren und Klettergerüsten 2–3 m hoch, wenn sie vollsonnig und windgeschützt steht. Die Erde darf nicht austrocknen.

Im Kräuterzauber

Vorsicht, mediterrane Kräuter machen süchtig! Ihr Duft entführt die Seele in ferne Länder, der Geschmack erinnert an köstliche Festessen unter südlichem Sternenhimmel, ihre Blüten und Blätter erzählen von warmen Urlaubstagen am Mittelmeer.

Was wäre das italienische Duo Tomate und Mozarella ohne den Geschmack von frischen Basilikumblättern? Wie fade käme eine französische Bouillabaise daher ohne die Würze von Rosmarin und Thymian! Die klassisch mediterrane Küche lebt durch das Aroma landestypischer Kräuter. Seit Generationen verwandeln Italiener, Franzosen und Spanier mit Bergbohnenkraut (*Satureja montana*), Estragon (*Artemisia dracunculus*), Oregano (*Origanum vulgare*) und Salbei (*Salvia officinalis*) einfache Gerichte in wahre Gaumenfreuden.

1001 SORTEN

Es ist unglaublich, wie viele Sorten von Mittelmeerkräutern unsere Gaumen verwöhnen, und jede hat ihr eigenes Aussehen und Aroma. Wussten Sie, dass es über vierzig Basilikumsorten (*Ocimum basilicum*) gibt? Sehr beliebt ist das rasch wüchsige, einjährige Basilikum 'Genoveser'. Relativ unbekannt sind dagegen klein-, rot-, kraus- und salatblättrige Sorten mit Namen wie 'Spicy Globe' oder 'Grünes Krauses', von denen einige sogar mehrjährig sind. Wer sie mit Bedacht kostet, entdeckt wie unterschiedlich sie trotz des unverkennbaren Basilikumaromas schmecken. Süßliche Varianten wie Zitronen- oder Anisbasilikum verfeinern Jogurt oder Eis. Auch Minze (*Mentha*), Salbei (*Salvia officinalis*) und Thymian (*Thymus vulgare*) sind wahre Aromakünstler. Die Namen Zitronen- oder Kümmelthymian sind keine Angeberei und

Basilikum-Sorten lassen keine Wünsche offen – mit köstlichen Variationen im Geschmack und in Blattfarbe und -form.

Es geht nichts über frische Basilikumblätter! Als Pesto hat das italienische Küchengewürz sich einen Namen gemacht.

viele Salbei- und vor allem Minzesorten locken mit Blättern, die fruchtig nach Ananas, Melone oder Orange schmecken.

In Aroma und Gestalt treu bleibt sich der Rosmarin (*Rosmarinus officinalis*). Mit seinem immergrünen Laub und bizarren Wuchs verbreitet er umso mehr Mittelmeerflair, je älter er wird. Die stehenden und hängenden Triebe verleihen Fisch-, Fleisch- und Geflügelgerichten eine typisch herb-würzige Note. Die Zweige von Rosmarin sollte man immer frisch verwenden, da sie sonst muffig schmecken. Nicht zum Trocknen geeignet ist auch der Estragon (*Artemisia dracunculus*), der ein unerlässlicher Bestandteil der 'Sauce Béarnaise' ist. Wie das Bergbohnenkraut passt auch er gut zu grünen Salaten oder in Frischkäse.

VON DER SONNE VERWÖHNT

Ihre mediterrane Herkunft zeigt sich bei Kräutern in ihrem Wärmebedürfnis: Sie brauchen viel Sonne und einen geschützten Platz. Nur die Minze fühlt sich eher im Halbschatten wohl. Berg-

bohnenkraut, Oregano, Rosmarin, Salbei und Thymian wachsen in lockerer, durchlässiger Erde. Am besten mischt man ein Drittel Sand unter, damit die Erde karg wird – im Handel gibt's spezielle Kräutererde. Gedüngt werden müssen diese anspruchslosen Kräuter nur zweimal im Jahr: im April und Juli/August mit Depotdünger, der die Pflanzen nach und nach mit Nährstoffen versorgt. Basilikum und Minze dagegen mögen humose Blumenerde und müssen im Sommer alle drei Wochen mit einem organischen Volldünger versorgt werden.

Wer gerne aussät (s. S. 68/69), versucht's am bestem mit Basilikum, Fenchel (*Foeniculum vulgare*) und Salbei. Alle anderen Kräuter kaufen Sie im Frühjahr besser als Jungpflanzen.

Über den Winter bringt man Oregano, Salbei und Thymian, indem man sie mit Reisig oder Strohmatten vor Frost schützt (s. auch S. 82/83). Rosmarin muss drinnen kühl überwintert werden. Basilikum im Winter bei Laune zu halten, ist schwierig, weil er viel Licht und Wärme braucht.

Lavendel –
Der Duft der Provence

Blau-violett bis zum Horizont! Seit Jahrhunderten wird der Mittelmeerstrauch in Südfrankreich angebaut. Der Anblick wogender Lavendelfelder lässt jedes Herz höher schlagen, im Garten genügen aber schon ein paar Lavendelbüsche, um die Sinne zu betören.

Selten findet man eine Pflanze, in der so viele gute Eigenschaften vereint sind: Nicht nur, dass der Lavendel himmlisch duftet, der Strauch blüht von Juni bis August auch noch in leuchtenden Farben und ist pflegeleicht! Lassen Sie seinen Duft nicht unbemerkt an Ihnen vorüberziehen – Terrassen sind wie gemacht dafür, mit Lavendel umgrenzt zu werden, und an den Rändern von Wegen und Beeten betört der Lavendel mit mediterranem Charme. Lavendel braucht keine Partner um zu glänzen, fügt sich aber prächtig ein, wenn er mit anderen duftigen Kräutern wie Rosmarin, Salbei oder Thymian kombiniert wird. Einen Namen hat sich Lavendel als Kavalier von Rosen gemacht – niemand begleitet die Königin der Blumen so schön wie er.

Wer keinen Garten hat, muss auf Lavendel nicht verzichten, denn das genügsame Kraut wächst auch im Kübel sehr gut. Hauptsache, er bekommt einen sonnigen Platz, und das Substrat ist gut durchlässig, kalkhaltig und trocken.

Lavendel ist sehr pflegeleicht. Er bekommt kaum Schädlinge und Krankheiten. Sein intensiver Duft vertreibt Ameisen und Blattläuse. Das Gerücht, er sei ein Garant dafür, dass Rosen von Blattläusen verschont bleiben, stimmt aber leider nicht.

Lavendel-Art	Standort	Boden
Lavandula angustifolia Echter Lavendel	sonnig	kalkhaltig
Lavandula latifolia Großer Speik	sonnig	kalkhaltig
Lavandula x intermedia Provence-Lavendel	sonnig	kalkhaltig
Lavandula lanata Wolliger Lavendel	sonnig, kalkhaltig	sandig, trocken
Lavandula stoechas Schopflavendel	sonnig, frostgefährdet	kalkhaltig, sandig, trocken
Lavandula dentata Gezähnter Lavendel	sonnig, frostgefährdet	kalkhaltig

WELCHER SOLL ES SEIN?

Vom Lavendel gibt es mehrere Arten, die unsere Gärten und Terrassen in wunderbar südfranzösische Atmosphäre tauchen. Etliche Sorten vom Echten Lavendel (*Lavandula angustifolia*) überstehen auch problemlos unsere frostigen Winter. Charakteristisch sind seine graugrünen, schmalen Blätter. Eine dieser schönen, frostfesten Sorten vom Echten Lavendel heißt 'Hidecote Blue'. Im Sommer strotzt er nur so vor kräftigen violetten Blüten, wächst sehr kompakt und wird 50 cm hoch. In hellerem Blau strahlt die rund 60 cm hohe Sorte 'Mundstead Blue'. Wer Rosa oder Weiß bevorzugt, wird bestens von den Sorten 'Loddon Pink' und 'Alba' bedient.

Ein Topf Lavendel mit seinen blau-violetten Blüten reicht schon aus, sich heitere Gelassenheit auf Balkon und Terrasse zu holen.

Auch die Art *Lavendula x intermedia*, eine Kreuzung zwischen dem Echtem Lavendel und dem Großen Speik (*Lavandula latifolia*), ist relativ frostfest. Dies ist die Lavendelart, die in Frankreich kommerziell zur Ölgewinnung angebaut wird, denn er ist unvergleichlich aromatisch und ertragreich.

Sehr dekorativ ist der Schopflavendel (*Lavandula stoechas*). Aus seinen purpurfarbenen Ähren ragen zwei violette Blütenblätter wie Hasenohren heraus. Leider verträgt der Strauch nur wenige Minusgrade. Darum ist er in einem Kübel gut aufgehoben, den man geschützt überwintert. Auch der Gezähnte Lavendel (*Lavandula dentata*) ist nicht frosthart. Der hübsche Strauch zeichnet sich durch sein sehr grünes Laub und große hellviolette Blüten aus. Spektakulär ist seine Größe: Er wird bis zu einem Meter hoch.

ALLERLEI HÜBSCHE SACHEN

Als Blume und Parfüm ist Lavendel weltweit bekannt – kaum aber als kulinarische Zutat für Gerichte, wie sie die Italiener, Franzosen und Spanier lieben. Geben Sie doch einfach mal einen Lavendelzweig zu einem Lammbraten, probieren Lavendelöl im Salat oder mischen eine Hand voll Lavendelblüten in ein Glas mit Zucker. Sie werden begeistert sein von seinem köstlichen Aroma!

Junge Blätter und Triebspitzen können als Küchengewürz während der ganzen Vegetationsperiode abgeschnitten werden. Die volle Konzentration von seinem wohlriechenden, flüchtigen Duftöl enthalten die Blüten, und das nur kurz vor dem Öffnen im Juni. Möchten Sie die Ähren ernten, dürfen sie diesen Zeitpunkt nicht verpassen! Wenn Sie die Triebe abgeschnitten haben, hängen Sie sie bündelweise kopfüber an einem trockenen schattigen oder dunklen Ort zum Trocknen auf.

Die Ähren, in Säckchen verpackt und z. B. zwischen Wäsche oder Handtücher geschoben, verbreiten lange ihren Duft. Das vertreibt auch die Motten. Lose als Potpourris verzaubern Lavendelblüten Wohnräume im Winter mit ihrem Duft – mhm, kommen da nicht Erinnerungen an den Sommer auf?

Basilikum *(Ocimum basilicum)*

Thymian *(Thymus vulgare)*

Bergbohnenkraut *(Satureja montana)*

Salbei *(Salvia officinalis)*

Oregano *(Origanum vulgare)*

Rauke *(Eruca sativa)*

Rosmarin *(Rosmarinus officinalis)*

Pfefferminze *(Mentha* x *piperita)*

Basilikum

Der Liebling aller ist das einjährige Basilikum 'Genoveser' mit seinem **pfeffrigen**, etwas **süßlichen Aroma**. Wahre Gourmets haben inzwischen klein-, rot oder krausblättrige Sorten für sich entdeckt, die unterschiedlich aussehen und schmecken: süß nach Zitronen oder Minze, würzig nach Anis oder Zimt. Basilikum (*Ocimum basilicum*) braucht viel Sonne und Wärme sowie einen humusreichen, durchlässigen Boden und gut **alle drei Wochen Dünger**. Er lässt sich ab April leicht aus Samen anziehen. Geerntet werden ganze Triebspitzen samt Blättern.

Thymian

Thymiane sind wahre **Aromakünstler**. Zu Recht tragen die Sorten Namen wie Zitronen- oder Kümmelthymian. Der 30–40 cm hohe wintergrüne Halbstrauch trägt schmale, kleine Blätter, die geerntet werden. Von Juni bis August öffnen sich weiße, rosa oder lilafarbene Blüten. *Thymus vulgare* liebt einen **sonnigen Standort** und trockenen, mageren Boden mit Dränage, denn der Strauch reagiert empfindlich auf winterliche Bodennässe. Ihm genügt eine Düngung im Frühjahr. Stutzt man die Pflanzen regelmäßig im Frühjahr und Sommer zurück, bleiben sie kompakt.

Die Top 8

Bergbohnenkraut

Seitdem *Satureja montana* die Alpen passiert hat, schwören auch nordische Köche auf sein **bohnenähnliches Aroma**. Es gibt Salaten, Tomatensoßen und Speiseölen den letzten Pfiff. Der winterharte **Halbstrauch** wird bis zu 40 cm hoch, trägt schmale, graugrüne Blätter und die winzigen, rosa- bis purpurfarbenen Blüten erscheinen von Juli bis September. Das Bergbohnenkraut gedeiht am besten auf sandigen, kalkhaltigen Böden in **warmer, sonniger** Lage. Im Frühjahr stutzt man die Halbsträucher leicht, damit sie kompakt bleiben.

Salbei

Saltimbocca alla romana – Kalbschnitzel mit Parmaschinken und Salbeiblättchen haben *Salvia officinalis* bekannt gemacht. Der bis zu 60 cm hohe Halbstrauch hat graugrüne, **samtig behaarte** Blätter. Im Sommer thronen darüber violett-blaue Blüten. Buntblättrige Sorten wie 'Icterina' beleben jede mediterrane Ecke. Salbei liebt es **sonnig** und **warm** und im Sommer zweimal gedüngt zu werden. Der Boden sollte trocken sein. Schneiden Sie Salbei im Frühjahr um ein Drittel zurück. Die jungen Blätter können bis zum Herbst gepflückt werden.

Oregano

Das klassische **Pizzagewürz** ist eine mehrjährige Staude, die bis zu 50 cm hoch werden kann. Im Sommer blüht *Origanum vulgare* rotviolett. Er braucht viel Platz und entfaltet sein volles Aroma nur, wenn er sonnig und warm in sandiger Erde wächst. Oregano ist **pflegeleicht,** da man ihn selten gießen und düngen muss. Im Winter kann er unter Reisig oder Mulch draußen bleiben. Die alten Triebe werden im Frühjahr zurückgeschnitten, damit er reichlich neue bilden kann. Junge Blätter und Triebspitzen können bis zum Herbst **laufend abgezupft** werden.

Rosmarin

Rosmarinus officinalis wächst wild an den Küsten des Mittelmeers. Der **immergrüne** Strauch mit seinen **nadelartigen** Blättern wird bis 2 m hoch, im Frühjahr blüht er hellblau, weiß oder rosa. Es gibt aufrechte und kriechende Formen. Einige können in milden Gegenden draußen überwintern, die meisten Sorten brauchen 5–10 °C. Am liebsten steht er sonnig in durchlässiger, kalkhaltiger Erde. Halten Sie ihn **feucht,** aber ohne Staunässe. Blätter und Triebe lassen sich das ganze Jahr ernten – aber die Zweige nicht zu stark einkürzen, damit er formschön bleibt.

der Kräuter

Rauke

Den Sprung über die Alpen hat auch die Rauke geschafft. Die einjährige Pflanze (*Eruca sativa*) hat bei uns unter dem Namen **Rukola** Karriere gemacht. Das **beliebte** Kraut wächst sehr rasch. Ab dem Frühjahr kann es draußen oder auf der Fensterbank leicht ausgesät werden. Gut gedeiht sie an sonnigen bis halbschattigen Plätzen in einem nährstoffreichen, humosen Boden. Die Rauke nicht zu nass halten, sonst verlieren die Blätter an Aroma. Die frischen Blätter können **laufend geerntet** werden, entweder einzeln oder man schneidet die ganze Pflanze ab.

Pfefferminze

Der **frische Duft** der Pfefferminze (*Mentha* x *piperita*) ist das Heilmittel gegen Hitzewallungen – sie enthält viel **Menthol.** Ihre rosa bis violetten Blüten duften herrlich und ziehen Bienen und Schmetterlinge magisch an. Die ausdauernde Staude wächst im **lichten Schatten** auf feuchtem, humosem Boden und wird bis 80 cm hoch. Im Nu kann sie ein ganzes Terrain erobern, deshalb einfach im Topf in den Garten pflanzen. In Töpfen sollten die Pflanzen jedes Jahr geteilt werden. Ernten Sie, wenn die ersten Blütenansätze zu sehen sind.

Spezialitäten aus dem Süden

➤ Nur wenige alte Gemüse erregen soviel Aufsehen wie der **Toskanische Palmkohl** (*Cavolo nero*) mit dem klangvollen Sortennamen 'Nero precoce di Toscana' – Schwarzkohl der Toskana. Mit seinen großen, dunkelgrünen Blättern ähnelt er dem Grünkohl. Das Besondere an ihm ist, dass er blattweise von unten nach oben abgeerntet wird, und bis zum Herbst bleiben »kleine Palmen« im Topf oder Beet übrig. So macht er selbst nach der Ernte noch eine gute Figur. Der Palmkohl muss bis Ende Juni ausgesät werden. 3–4 Wochen später wird er in größere Töpfe mit nährstoffreicher Erde gepflanzt. Wichtig ist, dass er reichlich mit Kompost oder Volldünger gedüngt und laufend gegossen wird. Palmkohl verträgt bis zu –15 °C Frost.

➤ Die **Artischocke** (*Cynara scolymus*) ist in Spanien, Frankreich und Italien ein gängiges Volksgemüse. Wenn die Blüten nicht geerntet werden, öffnen sie sich zu pompösen, strahlend violetten Disteln, und sobald sie über den silbergrauen Blättern in der Sonne glänzen, kommt mediterrane Stimmung auf. Artischocken werden Ende Mai gepflanzt, sie können laufend von August bis Oktober geerntet werden. Sie halten bei Winterschutz vier bis fünf Jahre. Eine nährstoffreiche Erde, die gut mit Kompost oder Volldünger versorgt ist, garantiert gutes Wachstum.

Mediterranes Gemüse kommt glänzend im Topf zurecht. Attraktive Sorten können sogar den Sommerblumen auf Balkon und Terrasse die Schau stehlen.

Knallrote Tomaten, olivschwarze Auberginen und sattgrüne Zucchini – das Schönste an der mediterranen Küche ist das Gemüse. Allein eine Minestrone beweist, wie fantasievoll und wohlschmeckend die Südeuropäer Gemüse zubereiten. Kein Wunder, dass das südländische Gemüse so aromatisch ist: Es bekommt Sonne im Überfluss. Bei uns sind geschützte Plätze auf Balkon und Terrassen auch ideal, um diese Leckereien zu kultivieren. Wie gut, dass es viele Sorten gibt, die in Kübeln wunderbar zurechtkommen.

Nicht ohne Grund werden **Tomaten** (*Lycopersicon esculentum*) in Frankreich liebvoll auch Pomme d'Amour genannt – Liebesäpfel. Mit ihrem süßsauren Geschmack hat das Nachtschattengewächs die Herzen aller Europäer erobert. Es gibt etliche Sorten, die zum Experimentieren einladen, zum Beispiel die gelbe 'Snowberry'. Sie trägt hellgelbe Früchte, die ungewöhnlich süß schmecken. In Töpfen haben sich die Cherrytomate 'Dolce vita', die Cocktailtomate 'Picolino' und die Buschtomate 'Balkonstar' bewährt.

Der **Paprika** (*Capsicum annuum*) ist das Sommergemüse schlechthin. Am Anfang sind die Schoten immer grün. Erst wenn sie in der Sonne reifen, färben sie sich gelb oder rot. Auf Balkon und Terrasse bieten sich standfeste, niedrige Sorten wie 'Pinokkio' oder 'Lombardo' an. Der Kübel muss mindestens ein Volumen von zehn Litern haben, da die Pflanzen einen

Auch der Wärme bedürftige Paprika eignet sich für die Anzucht im Topf. Vor allem die Sorten, die früh reif werden.

Der Toskanische Palmkohl 'Nero precoce di Toscana' macht im Beet eine ebenso gute Figur wie im Topf.

hohen Nährstoff- und Wasserbedarf haben. Nur bei einem gleichmäßig feuchten Boden setzt Paprika Früchte an.

Auberginen (*Solanum melongena*) sind nicht nur für den Gaumen, sondern auch für die Augen ein Genuss. Für den Topf eignet sich die Sorte 'Bambino' gut. Sie wird nur 30 cm hoch und trägt eiergroße, blauschwarze Früchte. Dunkle, rosa getönte Blätter und fliederfarbene Blüten ergänzen das hübsche Bild. Sehen lassen auf Balkon und Terrasse können sich auch **Zucchini** (*Cucurbita pepo* var. *goromonttina*). Besonders freundlich leuchten Sorten mit gelben Früchten. Eine gute Ernte im Kübel verspricht die Sorte 'Black Forest F1 Hybride'. Sie hat kleine Blätter und klettert gern an Gittern und Stäben. Als Delikatesse werden die großen, gelben Blüten gehandelt. Zucchini brauchen große Töpfe mit mindestens 25 cm Durchmesser.

Mediterrane Gemüse gedeihen nur an warmen und windgeschützten Plätzen. Ideal sind sonnige Südseiten von Häusern und Mauern. Mit Ausnahme der Zucchini, die nach den Eisheiligen direkt ausgesät wird, lassen sich die Gemüse ab Februar im Haus vorziehen. Oder aber man kauft sie im Mai als Jungpflanzen beim Gärtner. Der Boden sollte gut mit Kompost und organischem Dünger angereichert sein. Im Juli sorgt mineralischer Dünger für den Nachschub an Nährstoffen.

FRISCHER SALAT

Pflück- und Schnittsalat werden alle nicht kopfbildenden Salate genannt. Sie machen wenig Arbeit und haben ein kräftiges Aroma. Das Saatgut wird einfach in den Balkonkasten gestreut oder als Saatband ausgelegt. Nach 4–6 Wochen kann man portionsweise ernten. Der Schnittsalat wird dabei mit dem Messer direkt über dem Boden abgeschnitten, er ist damit abgeerntet. Von den Pflücksalaten werden nur die äußeren Blätter genommen, und aus der Pflanzenmitte wachsen neue immer wieder nach. Auch die Sorten 'Lollo Rossa' und 'Lollo Bionda' kann man von Mai bis Oktober auf diese Art mehrfach ernten.

Tutti frutti — bei uns schon lange heimisch

Auch Terrassen- und Balkonbesitzer müssen nicht auf mediterranes Obst verzichten. Es gibt Sorten, die im Kübel sehr gut gedeihen. Die Ernte fällt vielleicht nicht so üppig aus wie im Garten oder gar im Süden, aber Freude macht's und zum Naschen reicht es allemal.

Schon allein der Anblick von samtigen **Pfirsichen** und prallen **Aprikosen** versetzt einen in Sommerstimmung. Pfirsiche (*Prunus persica*) und Aprikosen (*Prunus armeniaca*) gedeihen am besten in Regionen mit Weinbauklima oder auf einer geschützten Südterrasse. Ihre hübschen rosafarbenen Blüten öffnen sich früh und sind sehr frostgefährdet. Hinzu kommt, dass die Früchte nur reifen, wenn die Bäume sehr warm und sonnig stehen. Im Kübel müssen die Bäume frostfrei, aber kühl überwintert werden. Regelmäßiger Schnitt im Frühjahr fördert den Fruchtansatz. Wählen Sie am besten robuste Pfirsichsorten wie 'Michelini' oder 'Rubira', die nur wenig für die Kräuselkrankheit anfällig sind. Optimal ist ein nährstoffreicher, leicht sandiger und nicht zu kalkreicher Boden, in dem das Wasser gut ablaufen kann.

Gärtnereien bieten für die Kübelkultur von **Äpfeln** die so genannten 'Ballerina'-Sorten an, die ohne Seitentriebe gezogen werden. Viele Apfelbäumchen brauchen eine andere Sorte in ihrer Nähe, damit die Befruchtung klappt. Wenn in der Nachbarschaft kein weiterer Apfelbaum wächst, bleibt Ihnen

Unter den zahlreichen Erdbeersorten sind Monatserdbeeren wie gemacht für Töpfe .

Ein stabiles Rankgerüst, die richtige Weinsorte und viel Sonne – da wachsen Ihnen die Trauben in den Mund!

nichts anderes übrig als zwei Sorten zu kaufen oder nach einer selbstfruchtenden Sorte zu fragen. Achten sie beim Ein- oder Umtopfen der Gehölze darauf, dass die Veredelungsstelle über dem Erdboden bleibt. Sie können das Substrat aus Kompost, Gartenerde und Sand zu gleichen Teilen selbst mischen oder fertige Kübelpflanzenerde nehmen, die viel Ton enthält.

Je nachdem wie alt die Obstbäume sind, brauchen sie große Kübel mit Volumen zwischen 20–50 Litern. Schwarze Plastiktöpfe sind nicht geeignet, weil sie sich in der Sonne zu stark aufheizen und die Wurzeln beschädigt werden könnten. Pflanzen Sie die Bäumchen in Gefäße aus Terrakotta mit einem Abflussloch, damit das Wasser ablaufen kann.

WEIN

Wein *(Vitis vinifera)* trägt nicht nur leckere Früchte, sondern spendet mit seinen Blättern auch angenehmen Schatten, wenn er an einer Pergola rankt. Beim Wein ist der Erfolg von der Sorte abhängig. Sie sollte gut schmecken, pilzresistent und kältetolerant sein. Empfehlenswert sind z. B. die kleinbeerigen 'Muscat bleu', deren Laub sich im Herbst dekorativ färbt, oder 'Lakemont', die auch harte Winter gut übersteht. Möchten Sie Tafeltrauben genießen, eignet sich die robuste blaue Sorte 'Nero' oder die weiße 'Palatina'. Für die Kübelkultur empfehlen sich Sorten, die langsam wachsen: z. B.: 'Seyval Blanc' oder 'Rondo'. Nur wenn der Weinstock regelmäßig geschnitten wird, bildet das Gehölz Trauben. Beim Pflanzen muss die Veredelungsstelle über dem Boden sein, den Winter über deckt man sie mit Reisig ab. Je größer der Topf ist, desto mehr Arbeit ersparen Sie sich mit dem Gießen – 30 Liter Erde sollte der Kübel mindestes fassen.

Über andere Obstsorten in Kübeln lesen Sie bitte ab Seite 33.

Kiwi am Spalier

➤ Der Erfolg bei Kiwis, auch Chinesische Stachelbeere genannt, hängt stark von der Sortenwahl ab. Die kleinfruchtige Arguta-Kiwi *(Actinidia arguta)* bietet sich bei unseren Wintern an, da sie bis zu -20 °C Frost verträgt. Bei den zweihäusigen Sorten muss man für die Fruchtbildung ein weibliches und männliches Exemplar zusammenpflanzen. Eine Alternative ist die selbstfruchtende Sorte ‚Issai'. Kiwis blühen von Ende Mai bis Juni. Sie sind im September reif und können gleich gegessen werden. Die Ernte fällt gut aus, wenn man die Pflanzen gleichmäßig feucht hält, im Frühjahr mit Kompost versorgt und im Juni und Anfang August mit Volldünger nachdüngt. Erst vom dritten Jahr ist ein regelmäßiger Schnitt nötig.

TIPP

Dolce vita mit Zitronen

Ist es nicht das Mittelmeer, an das wir sofort denken, wenn wir Zitronenbäumchen sehen? Von der Costa Brava bis zur Cote d'Azur, von der Riviera bis Apulien – wer in den Mittelmeerländern reist, träumt noch lange von Zitronen, Orangen, Limetten und Pomeranzen. Die heimische Terrasse verwandeln sie in ein Urlaubsparadies.

Tiefgrüne, glänzende Blätter, herrlich duftende Blüten und leuchtend gelbe und orangenfarbene Früchte in allen Reifestadien – die Schönheit der Zitrusbäume verzaubert die Menschen seit Jahrtausenden. Durch Kreuzritter und Kaufleute gelangten die sagenumwobenen »goldenen Äpfel«, die schon im Göttergarten der Antike für Aufregung sorgten, vom tropischen Südostasien über Indien und Persien nach Italien. Die große Zeit der Zitruspflanzen in Europa begann mit der Renaissance im 17. und 18. Jahrhundert, als Fürsten und reiche Bürger ihre Gärten zu Kunstwerken umwandelten und exotische Pflanzen sammelten. Schnell avancierten die Zitrusgewächse zu den Lieblingen der Bourgeoisie. Die Fürsten vertrieben sich mit ihren Gärtnern die Zeit damit, Arten vielfach zu kreuzen. Hunderte Sorten von Zitronen, Limetten und Pomeranzen schmückten die Villen der adligen Gärten im ganzen Mittelmeerraum. Es wurde gewetteifert, getauscht und gehandelt.

Bald verfielen auch die betuchten Adeligen nördlich der Alpen dem Sammelfieber – waren die Früchte doch Sinnbilder für paradiesische Landschaften, für Sonne, Wärme und Meer. Um die Zitruspflanzen überwintern zu können, bauten die wintermüden Herrschaften in Nordeuropa riesige Häuser, deren Glasfronten Richtung Süden ausgerichtet waren: die Orangerien. Gut erhalten und sehenswert sind die Anlagen im Schloss Sans-souci in Potsdam, im Schloss Herrenhausen in Hannover und im Schloss Schönbrunn in Wien. Ganz ungewöhnliche Zitrussorten gibt's auf der Insel Mainau zu bewundern. Dort sind 60 Sorten ausgestellt, die im 19. Jahrhundert nach dem Boom schon fast in Vergessenheit geraten waren.

SONNENKINDER

Hierzulande erleben die Zitruspflanzen wieder ein Comeback, sie sind in allen Gärtnereien und Gartencentern zu haben. Holen Sie sich den südländischen Charme einfach nach Hause: Am liebsten stehen die Obstbäumchen an sonnigen Plätzen. Ideale Aufenthaltsorte im Sommer sind Terrasse, Balkon und Innenhof, wo es luftig, aber nicht zugig ist. Auf zu viel Wind reagieren Zitruspflanzen prompt mit Blattfall. Und wohin im Winter? Grapefruit (*Citrus* x *paradisi*), Klementine (*C. clementina*), Kumquat (*Fortunella japonica*), Orange (*Citrus sinensis*), Pomeranze (*C. aurantium*), Zitrone (*C. lemon*) brauchen ein helles, kühles Winterquartier bei 5-12 °C. Überwintert man sie zu warm, blühen sie nur zögernd oder gar nicht.

Anders verhält es sich bei Arten aus den Tropen oder den Wüsten- oder Halbwüstenregionen Australiens: Calamondin-Orange (*C. citrofortunella mitis*), Limette (*C. aurantiifolia*), Pampelmuse (*C. maxima*), Süße Limette (*C. limetta*) und Zitronat-

Zitrone (*C. medica*) gefällt es gut, den Winter über bei 12-16 °C zu verbringen. Prächtig geht es allen Zitruspflanzen, wenn ihnen eine zusätzliche Lichtquelle die kurzen Tage morgens und abends verlängert, idealerweise auf einen 16-Stunden-Tag (Pflanzenleuchten gibt's im Gartenfachhandel). Je wärmer die Zitruspflanzen stehen, desto länger brauchen sie Licht, weil ihr Biorhythmus auf Hochtouren läuft. Am unkompliziertesten ist die Calamondin-Orange. Sie überwintert als einzige Zitruspflanze problemlos in warmen Wohnräumen und kann auch ganzjährig im Haus stehen. Allerdings ist es wichtig, dass die Luftfeuchte zwischen 40 und 60 % liegt. Abhilfe bei trockener Heizungsluft schafft ein Luftbefeuchter. Noch ein Sonderfall ist die Dreiblättrige Orange (*Poncirus trifoliata*) – sie kann draußen überwintern. In kalten Gegenden sollte man sie aber mit einem Iglu aus Noppenfolie vor Frost schützen.

EXTRAWÜNSCHE

Mit Ausnahme der Pomeranzen lieben Zitruspflanzen eine leicht saure Erde (pH-Wert 5,5-6,5), die viel Humus enthält – der Fachhandel bietet Spezialerde für Zitruspflanzen an. Sie können die Erde auch selber mischen: 1/4 Heideerde, 1/2 Kompost, 1/4 Sand. Damit das leicht saure Milieu bleibt, darf das Gießwasser nicht zu hart sein. Hohe Kalziumwerte in der Erde (pH-Wert >7) oder dem Gießwasser (dH° > 10) erschweren den Zitronenartigen die Aufnahme von Eisen. Ist es zu wenig sauer, bekommen sie hellgrüne Blattadern. Gedüngt werden Zitruspflanzen wie andere Kübelpflanzen auch (s. S. 80/81) während der Wachstumszeit mit einem Langzeitdünger oder regelmäßig bei jedem Gießen mit einem Flüssigdünger. Nehmen Sie einen Spezialdünger für Zitruspflanzen, der die nötigen Spurenelemente enthält.

Zitronenbäumchen sind der Inbegriff des Südens. Werden ihre Ansprüche erfüllt, setzen sie das ganze Jahr Früchte an.

Ein Strauß
bunter Sommerblumen

Einjährige Blumen sind für experimentierfreudige Gärtnerseelen wie geschaffen. Schnell und umkompliziert erfüllen sie den Traum von einer mediterranen Blütenkulisse. Sonnenverliebte Arten, die sich in Ampeln, Töpfen und Kästen wohlfühlen, gibt es genug.

Dass Sommerblumen bei den Südländern so beliebt sind, kommt nicht von ungefähr. Zählen sie doch zu den Pflanzen, die trotz greller Sonnenstrahlen und anhaltender Hitze geradezu verschwenderisch und unermüdlich blühen. Damit die Blütenpracht auch wirklich zur Geltung kommt, pflanzen mediterrane Gärtner meistens nur eine Art in ein Gefäß. Wenn überhaupt gemischt wird, dann werden eher einfach bepflanzte Töpfe gruppiert. Das ist besonders praktisch, weil auf diese Weise auch unterschiedlich »ausbreitungsstarke« Pflanzen kombiniert werden können, die sich zusammen nicht vertragen würden.
Gleichgültig ob in Ligurien, der Provence oder Andalusien – mit Sicherheit trifft man beim Lustwandeln durch die Gassen und Gärten auf **Geranientöpfe** (*Pelargonium*-Hybride). Wohin man auch schaut, überall steht und hängt die klassische Pflanze mit vielen Sorten in knalligen Tönen. Eine besondere Vorliebe hegen die Südländer für Duftgeranien, deren Blätter verführerisch nach Zitrone oder Orange duften. Manche Sorte weckt beim Vorbeischlendern sogar das Gefühl, man befinde sich unmittelbar in der Nähe eines Rosengartens!
Die **Petunie** (*Petunia*-Hybride) ist auch eine Lieblingspflanze der Südländer, mit der allerorts geschmückt wird, hängend oder aufrecht in vielen Blütenfarben und -mustern. Hierzulande hält der Sommer auch ungemütliche Regentage bereit – die so genannten Surfinien, eine hängende Zuchtform, trotzen nassem Wetter besser als andere Sorten.

Wenn es Sommerblumen gibt, die Sonne von morgens bis abends brauchen, dann ist es die am Mittelmeer verbreitete **Mittagsblume** (*Dorotheanthus bellidiformis*) und das **Portulakröschen** (*Portulaca grandiflora*) – unverwechselbar leuchtet ihr Farbenmeer aus Blüten, das man an den steinigen Küsten rund ums Mittelmeer bestaunen kann. Den Zauber dieses Anblicks können Sie zu Hause verbreiten, indem Sie flache Schalen mit den Sukkulenten dicht bepflanzen. Auch **Gazanien** (*Gazania*-Hybride) und **Kapkörbchen** (*Dimorphotheca ecklonis*) zählen zu den Sonnenanbetern, die man häufig in südlichen Ländern antrifft. Fällt Regen, schließen sich ihre großen Strahlenblüten.
Viel Aufmerksamkeit im Urlaub ziehen einjährige Duftpflanzen auf sich. Eine augenfällige Pflanze ist die bis zu 1 m hohe **Wunderblume** (*Mirabilis jalapa*), deren große Blüten an die Petunie erinnern. Nicht minder hübsch sind die aparte, blaue **Vanilleblume** (*Heliotropium arborescens*) und der kleine **Duftsteinrich** (*Lobularia maritima*). Ihr intensiver Duft nach Vanille und Honig verführt schon von weitem.
Sommerblumen sind gute Begleiter für Kübelpflanzen, Stauden und Gehölze. Besonders hübsch sieht es aus, wenn sie Hochstämmchen im Kübel schmücken. Damit sich die Einjährigen am Fuße des Stämmchens dauerhaft wohl fühlen, muss der Topf groß genug sein. Zum Unterpflanzen geeignet sind buschige oder hängende Vertreter, die mit vielen kleinen Blüten den Topfrand umspielen.

Holen Sie sich mit sonnengelben Gazanien gute Laune ans Haus. Zwischen dem Silberblatt leuchten ihre Blüten doppelt kräftig.

Geranie *(Pelargonium-Hybriden)*

Vanilleblume *(Heliotropium arborescens)*

Spanisches Gänseblümchen *(Erigeron karvinskianus)*

Duftsteinrich *(Lobularia maritima)*

Kapkörbchen (*Dimorphotheca ecklonis*)

Mittagsblume (*Dorotheanthus bellidiformis*)

Portulakröschen (*Portulaca grandiflora*)

Blaue Mauritius (*Convolvulus sabatius*)

Geranie

Beim Anblick von Geranien (*Pelargonium*-Hybriden) kommt Sommerlaune auf. Die traditionellen Balkonblumen, ob stehend oder hängend, leuchten in **poppigem** Rot und Pink oder in **dezenten** Lachs-, Rosa- und Weißtönen. Am Mittelmeer verbreitet sind **Duftgeranien**, deren Blätter z. B. nach Zitrone, Orange oder Rosen riechen. Geranien blühen unermüdlich von Mai bis Oktober, wenn sie vollsonnig und in nährstoffreicher Erde stehen, 1–2 x die Woche mit einem Geraniendünger **gedüngt** werden und Verblühtes am Stielansatz weggeknipst wird.

Vanilleblume

Ihr **Vanilleduft** betört Schmetterlinge und Menschen gleichermaßen, deshalb gehört der 30–60 cm hohe Strauch (*Heliotropium arborescens*) in die Nähe einer Sitzecke. An einem sonnigen und windgeschützten Platz blüht die Südamerikanerin von Mai bis September. Sie braucht **viel Wasser** und wöchentlich flüssige Düngergaben. Wird Verblühtes regelmäßig entfernt, verlängert sich die Blütezeit. Vanilleblumen lassen sich gut mit anderen Blumen im Kasten kombinieren, aber als **Hochstämmchen** ist sie unschlagbar schön anzuschauen.

Die Top 8 der

Spanisches Gänseblümchen

Die Ähnlichkeit mit unserem Wiesengänseblümchen ist nicht zu übersehen. *Erigeron karvinskianus* wächst schnell zu einem breiten **Kissen** heran, das von Mai bis September mit Mini-Blüten gespickt ist, die erst weiß und später rosa schimmern. Die Pflanze hält heftigem Wind stand, muss lediglich mäßig feucht gehalten und alle 14 Tage mit einem Flüssigdünger gedüngt werden. Hübsch sieht es als **Ampel** aus, macht sich auch gut am Fuß von Palmen, mit denen sie zusammen frostfrei überwintert werden kann.

Duftsteinrich

Lobularia maritima ist am Mittelmeer zu Hause. Seine weißen, rosa oder lilafarbenen Blütentrauben duften **honigsüß** und überziehen die Pflanzen, bis kaum noch Blätter zu sehen sind. Der **pflegeleichte** und vitale Duftsteinrich wächst in der Sonne und im Halbschatten und braucht nur mäßig Wasser und alle 14 Tage Flüssigdünger. Ein Rückschnitt nach dem ersten Flor fördert die zweite Blüte im Spätsommer. Mit der 8–15 cm hohen Sommerblume kann man ideal **Hochstämmchen** unterpflanzen und er polstert die Ränder von Kästen.

Kapkörbchen

Dimorphotheca ecklonis ist eine richtige **Sonnen-anbeterin**. Bei Regen verschließt die gebürtige Süd-afrikanerin einfach ihre großen Strahlenblüten. Sonne und Wärme dagegen machen aus ihr von Juni bis September ein **Blütenmeer**. Gießen Sie Ihr Kapkörbchen regelmäßig (es darf aber nicht dauerhaft in feuchter Erde stehen) und düngen Sie die Pflanzen alle 14 Tage mit einem Flüssig-dünger. Es gibt sie in Blau, Weiß, Rosa, Orange und Gelb. Dicht gepflanzt in **flachen Kästen** und Schalen wir-ken sie besonders schön.

Portulakröschen

Portulaca grandiflora gibt es ab Mai in bezaubernden **Farbmischungen** zu kaufen – ihre bis zu 8 cm großen Blüten leuchten gelb, orange, rot, pink, rosa und weiß bis weit in den August hinein. Die dickfleischigen Pflanzen müs-sen **nur wenig gegossen** werden und es reicht, sie alle sechs Wochen zu düngen. Schützen Sie sie möglichst vor Regen. Portulakröschen wachsen sehr langsam und werden schnell von anderen Sommerblumen überwuchert. **Solo** in Balkonkästen und Schalen, die man in Sichtweite aufstellt, kommen sie am besten zur Geltung.

Einjährigen

Mittagsblume

Dorotheanthus bellidiformis blüht von Juli bis September. Ihre margeritenähnlichen Blüten leuchten in vielen Farben: Es gibt sie in Weiß, Gelb, Orange, Rosa, Rot und Violett. Sie fühlen sich **nur in der Sonne** wohl, brauchen **kaum Wasser** und keinen Dünger. Am besten wachsen Mit-tagsblumen in Substraten, die aus mindestens einem Drit-tel Sand bestehen oder in Kakteenerde. Sonnenhungrige, am besten langsam wachsende Pflanzen wie das Portulak-röschen, sind gute Partner in flachen **Schalen** und kleinen Terrakottatöpfen.

Blaue Mauritius

Die Blaue Mauritius (*Convolvulus sabatius*) ist ein Sonnen-kind. Bei bewölktem Himmel rollen sich ihre Trichterblüten einfach zusammen. Sie blüht von Mai bis Oktober in roman-tischen **Blautönen**, die ins Violett changieren. Gleich-mäßig feucht gehalten und bis Mitte August alle zwei Wochen mit einem Flüssigdünger gedüngt, wachsen ihre Triebe bis zu 1 m lang. Als **Ampelpflanze** lässt sie Herzen höher schlagen, aber kombiniert mit anderen medi-terranen Sommerblumen, die regelmäßig Dünger brau-chen, ist sie auch hübsch anzuschauen.

WOHLFÜHLPROGRAMM FÜR DIE SÜDLÄNDER

Lassen Sie es Ihren **Pflanzen** gut gehen. Gerade Gäste **aus dem Süden** brauchen **Streicheleinheiten,** um sich bei uns zu Hause zu fühlen. Hier erfahren Sie alles rund ums **Gießen, Düngen, Umtopfen und Schneiden,** wie Ihre Schützlinge die kalte Jahreszeit gut überstehen und was Sie bei **Krankheiten** und gegen **Schädlinge** unternehmen können.

Blumen aus Samen heranziehen

Viele Pflanzen kann man sich bequem pflanzfertig kaufen und in Töpfe setzen. In Saattüten aber verstecken sich die unglaublichsten und witzigsten Sorten von Blumen, Kräutern und Gemüse.

Wer einmal die fantastische Sortenvielfalt entdeckt hat, die sich in Samentüten versteckt, den juckt es schnell in den Fingerspitzen, einige besonders schöne Exemplare selber anzuziehen. Probieren Sie es einfach aus, es gibt mehrere Möglichkeiten und Wege.

ANZIEHEN VON SÄMLINGEN

Die meisten mediterranen Sommerblumen, Kräuter und Gemüse brauchen zum Keimen viel Wärme und Zeit. Deshalb müssen sie ab Januar im Haus vorgezogen werden (s. Fotos).

Es geht aber auch einfacher: Mit mediterranen Einjährigen, die man nicht wochenlang auf der Fensterbank oder im Zimmergewächshaus hüten muss. Schmuckkörbchen, Sonnenblumen, Klatschmohn, Jungfer im Grünen, Duftwicke und Duftsteinrich können, je nachdem wie Wärme bedürftig sie sind, im April oder Mai direkt in Töpfe oder Beete ausgesät werden. Entweder in Samentütchen kaufen, es ist aber auch einen Versuch wert, von diesen unkomplizierten Sommerblumen den Samen nach der Blüte zu sammeln. Wundern Sie sich nicht, wenn die Sämlinge anders aussehen als die Mutterpflanze. Da es Kreuzungen sind, kann man nicht voraussehen, welche Anlagen dominieren. Von den mediterranen Kräutern lassen sich Basilikum und Rauke direkt einfach aussäen.

Eine schöne Alternative sind fertige mediterrane Blumen- und Kräutermischungen. Bei den Mischungen sind die Saaten in Farben und Blütezeiten so aufeinander abgestimmt, dass sie garantiert monatelang blühen.

Ob gesammelt oder gekauft, bevor sie den Samen direkt in Töpfe oder Beete aussäen, müssen Sie für einen feinkrümeligen, lockeren Boden sorgen. Streuen Sie feinen Samen nicht zu dicht aus. Wichtig: Bei gekauften Samen die Aussaathinweise auf den Tüten durchlesen. Dort steht unter anderem, wie der endgültige Abstand zwischen den Pflanzen sein sollte.

URLAUBSMITBRINGSEL

Wer Spaß am Experimentieren hat, kann im Urlaub auf Samenjagd gehen. Die Samen von Palmen, Zypressen oder die Kerne von exotischen Früchten wie Guave, Granatapfel und Kumquat lassen sich zu Hause einfach in nährstoffarmem Substrat aussäen. Achten Sie auf gleich bleibende Bodentemperaturen von etwa 24 °C und sprühen Sie Boden und Keimling hin und wieder. Einzig in der Vorbehandlung und der Keimdauer unterscheiden sich die Samen voneinander: Passionsblumensamen z. B. müssen zwei Tage im Wasser quellen bevor man sie in die Erde steckt. Jetzt heißt es Geduld haben – bei exotischen Pflanzen kann es Wochen dauern, bis sich im Topf etwas regt.

Übrigens: Gegen die Ausfuhr von Samen spricht nichts, aber Sie sollten auf keinen Fall Pflanzen oder Pflanzenteile in der Natur ausgraben oder abschneiden und mit nach Hause nehmen. Denn alle Arten, die vom Aussterben bedroht sind, werden durch das Washingtoner Artenschutzabkommen geschützt. Das grüne Souvenir wird am Zoll nicht nur eingezogen, der heimliche Importeur muss ein Bußgeld bezahlen. Bei Pflanzeneinkäufen brauchen Sie für den deutschen Zoll immer einen Kaufbeleg.

Zuerst wird die Erde in eine saubere Aussaatschale gefüllt und mit den Händen leicht angedrückt. Ziehen Sie die Oberfläche mit einem Lineal ab, dann aussäen und leicht festdrücken.

Ganz feine Sämereien und Lichtkeimer werden nur leicht angedrückt, über gröbere Saat, Kerne und Dunkelkeimer siebt man eine Schicht Erde, etwa so hoch wie die Samen groß sind.

Die Erde darf nie ganz austrocknen! Stellen Sie die Schalen bei mindestens 18 °C warm, hell, aber nicht sonnig auf. Unter einer Schlitzfolie oder im Zimmergewächshaus hat der Samen beste Chancen, gut zu keimen. Vergessen Sie aber nicht, ab und zu zu lüften. Sobald die Keimblätter zu sehen sind, kann man pikieren, d.h. die Pflänzchen in neue Töpfe umsetzen und mit größerem Abstand versehen; jetzt mögen sie es auch etwas kühler. Ab Mitte Mai kommen sie nach draußen.

Nachwuchs am Laufenden Band

Es gibt viele Arten, Pflanzen zu vermehren. Ganz einfache Methoden sind Stecklinge schneiden oder Wurzelballen teilen. Auch mediterrane Kübelpflanzen, Kräuter oder Immergrüne bekommen auf diese Weise Nachwuchs, der ihnen zum Verwechseln ähnlich sieht.

STECKLINGE – AUS EINEM TRIEB EINE NEUE PFLANZE

Stecklinge sind etwas Wunderbares. Die kleinen, bewurzelten Triebe füllen Balkon oder Terrasse, ersetzen überalterte Pflanzen, sichern seltene Sorten und sind ein schönes Geschenk für Pflanzenfans. Stecklinge schneiden ist auch die beste Lösung, um Platzprobleme im Winterquartier zu lösen. Eine riesige Kübelpflanze ist im Sommer zwar ein stolzer Anblick, aber ab einer gewissen Größe reicht der Platz im Winterquartier oft nicht aus. Ein kleines Duplikat aber gibt sich auch mit der Fensterbank zufrieden.

Die Methode ist einfach: Man bringt Abschnitte von Trieben dazu, Wurzeln zu treiben. Was Sie brauchen, ist ein scharfes, sauberes Messer, keimfreie Aussaaterde, niedrige Gefäße wie Aussaatschalen mit Abdeckhauben aus Kunststoff oder kleine Tontöpfe und -schalen. Stecklinge von Kübelpflanzen (s. Tippkasten) schneiden Sie am besten im August. Wichtig ist, dass die Mutterpflanze gesund und kräftig ist. Bei einem Kopfsteckling (s. Fotos) wird eine Triebspitze mit dem Messer unter dem 2. Blattpaar abgeschnitten. Der Schnitt sollte dicht am Blattknoten erfolgen. Kopfstecklinge können Sie von Margeriten oder Wandelröschen nehmen. Ihre Triebe sind ausreichend fest dafür. Für Teilstecklinge schneiden Sie den Trieb auch unter dem Knoten des zweiten Blattpaares ab, dann die Triebspitze kappen.

Das untere Blattpaar wird gekappt, die oberen Blätter bleiben stehen. Teilstecklinge werden von Pflanzen genommen, die nicht so feste Triebe haben, z. B. hängende Geranien.

Nach dem Schneiden werden alle Blüten entfernt und die Stecklinge zu mehreren in Schalen oder Töpfe mit einem feuchten Erde-Sand-Gemisch (Verhältnis 2:1) gesteckt. Es gibt auch fertige Aussaaterde im Fachhandel zu kaufen. Stellen Sie sie auf die Fensterbank, am besten an ein Ost- oder Westfenster, weil praller Sonnenschein den kleinen Pflanzen schadet.

Bei Temperaturen um 20 °C brauchen die Stecklinge nur wenige Wochen, bis sie Wurzeln gebildet haben. Decken Sie den Nachwuchs solange mit einer Haube oder einer Folie ab. Später, wenn sich Wurzeln gebildet haben, sollten sie kühler und luftiger stehen. Wenn die Pflanzen kräftig genug ist, werden sie in Einzeltöpfe gesetzt.

WURZELBALLEN TEILEN

Bei Stauden, aber auch bei einigen Kübelpflanzen wie Schmucklilie oder Engelstrompete kann man einfach den Wurzelballen teilen, um sie zu vermehren. Holen Sie dafür die Pflanzen aus dem Topf und ziehen Sie den Wurzelballen vorsichtig auseinander. Falls das Wurzelwerk zu stark bzw. verfilzt ist, nehmen Sie ein Messer oder einen Spaten zu Hilfe. Die Teilstücke werden in neue Töpfe gepflanzt und angegossen – fertig.

▲

Oleander lässt sich gut durch Kopfstecklinge vermehren. Mit einem scharfen, sauberen Messer wird eine Triebspitze unter dem 2. Blattpaar gekappt. Dabei schneidet man den Trieb dicht unter dem Blattknoten ab.

▲

Das untere Blattpaar wird seitlich mit den Fingern weggebrochen oder mit dem Messer entfernt. Die oberen Blätter bleiben stehen.

▲

Den Steckling in Schalen oder Töpfe mit einem feuchten Erde-Sand-Gemisch (2:1) stecken und bei rund 20 °C hell, aber nicht sonnig aufstellen. Achten Sie darauf, dass das obere Blatt nicht zu tief in der Erde steckt – es fängt sonst an zu faulen.

Welche Vermehrungsart ist die richtige?

➤ **Kopfstecklinge:** Bergbohnenkraut, Bougainvillee, Engelstrompete, aufrecht wachsende Geranien, Hammerstrauch, Kreppmyrte, Margerite, Lavendel, Lorbeer, Myrte, Oleander, Oregano, Rosmarin, Salbei, Thymian, Wandelröschen

➤ **Teilstecklinge:** Bleiwurz, Bougainvillee, hängende Geranien, Lorbeer, Passionsblume, Wandelröschen

➤ **Wurzelballen teilen:** Engelstrompete, Lavendel, Oregano, Pfefferminze, Thymian, Schmucklilie, Salbei

TIPP

Umtopfen:
frische Erde, neue Kraft

Der Frühling ist die richtige Jahreszeit, um Pflanzen in neue Erde zu topfen. Gerade jetzt können sie Nährstoffe und viel Platz zum Wachsen gut gebrauchen – beste Voraussetzungen für einen guten Start in den Sommer.

Wenn Pflanzen ihre Topferde völlig durchwurzelt haben, müssen Sie umgetopft werden. Die beste Zeit dafür ist das Frühjahr. Junge Kübelpflanzen, die noch stark wachsen, mögen jährlich in etwa 2–4 cm größere, ältere Exemplare in 6–8 cm größere Gefäße. Im Laufe der Jahre wachsen Kübelpflanzen allerdings zu stattlichen Exemplaren heran, für die man keinen größeren Kübel findet oder die nicht größer werden sollen. Trotzdem brauchen sie alle zwei bis drei Jahre frische Erde. Der Trick für solche Fälle ist, den Wurzelballen zu verkleinern. Schneiden Sie ganz einfach keilförmige Stücke aus dem Ballen heraus und befüllen die Lücken mit Erde.

Den Wurzelballen zu teilen oder zu verkleinern funktioniert sehr gut bei Kübelpflanzen mit dichten, faserigen Wurzeln wie Oleander, Engelstrompete oder Schmucklilie. Palmen kommen an neue Erde, indem Sie den Wurzelballen nach dem Austopfen auflockern, die alte Erde entfernen und beim Eintopfen neue Erde mit einem Pikierstab in die Zwischenräume der Wurzeln stopfen.

Wenn Sie Ihrer Pflanze einen neuen Tontopf geben, ist es günstig, ihn einigen Stunden vorher ins Wasser zu legen, damit er sich richtig vollsaugen kann. Ein trockener Topf nimmt den Pflanzen das Wasser weg. Benutzte Töpfe müssen gründlich gereinigt werden, damit sich keine Krankheiten übertragen. Waschen Sie die Töpfe mit heißem Seifenwasser und spülen Sie mit klarem Wasser sorgfältig nach.

DIE ERDE MACHT'S

Kübelpflanzen müssen mit einem sehr begrenzten Wurzelraum auskommen. Darum sollte die Erde perfekt sein, aus ihr beziehen die Pflanzen Wasser und Nährstoffe – die wichtigsten Voraussetzungen für sattes Grün und viele Blüten.

Am einfachsten ist es, Kübelpflanzenerde zu kaufen. Sie tun sich und den Pflanzen einen Gefallen, wenn Sie hochwertige Fertigmischungen verwenden, die neben Torf auch Ton, Quarzsand oder Atmungsflocken aus Vulkangestein enthalten. Für Pflanzen mit besonderen Ansprüchen gibt es Spezialerden, z. B. für Geranien, Palmen oder Zitruspflanzen.

Sie können die Erde auch selber aus je einem Drittel Kompost, Gartenerde und Torf mischen, zu der Sie pro fünf Liter Inhalt eine Handvoll Sand geben. Einige Kübelpflanzen haben Sonderwünsche an die Erde. Mediterrane Vertreter wie die Olive gedeihen schlecht in einer humosen Erde, weil sie in ihrer Heimat in kalkreichen Böden wachsen. Eine Portion Kalk (ca. 10 g pro 5 Liter Erde) hilft, den pH-Wert anzuheben. Palmen und Granatäpfel fühlen sich nur in lehmhaltiger Erde wohl, weil sie viele Nährstoffe und Wasser speichert. Deshalb sollte die Erde für sie mit Lehm aufgewertet werden. Südländische Kräuter bevorzugen dagegen ein durchlässiges Substrat, da ihre Wurzeln empfindlich auf Staunässe reagieren. Das Problem können Sie schnell lösen, indem Sie ein Drittel Sand oder feinen Splitt unter die Erde mischen.

◄ Zunächst muss der alte Topf entfernt werden. Will sich der Ballen nicht lösen, fahren Sie mit einem langen Messer am Ballenrand entlang. Mit einem Stock drücken Sie von unten durch das Abzugsloch den Ballen vorsichtig heraus.

▲ Legen Sie auf das Abzugsloch im neuen Topf eine Tonscherbe und streuen Sie eine 2–3 cm hohe Schicht aus Kies oder Blähton hinein. Diese Dränage sorgt dafür, dass überschüssiges Wasser aus dem Topf fließt und Sauerstoff an die Wurzeln kommt. Füllen Sie etwas Erde ein und prüfen Sie, ob der Ballen hoch genug im Topf steht: er sollte mindestens 2–3 cm unterhalb des Topfrandes abschließen, damit ein Gießrand bleibt.

► Rundherum wird nun Erde eingefüllt und mit den Händen angedrückt. Zum Schluss angießen, bis das Wasser unten aus dem Topf läuft.

Gießkanne

Rosenschere

Handschuhe

Besen

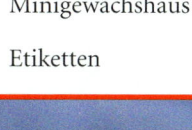

Sprühgeräte

Schaufel und Gabel

Minigewächshaus

Etiketten

Gießkanne

Praktisch sind 5–10 Liter-Gefäße. Gefüllt sind sie nicht zu schwer, aber die Wassermenge reicht für etliche Pflanzen und man muss nicht ständig laufen, um Nachschub zu holen. Die Öffnung sollte nicht zu groß sein, damit das Wasser nicht oben rausschwappt. Eine ca. 1–2-Liter-Gießkanne mit **Brausekopf** ist genau richtig, um Sämlinge und Stecklinge zu wässern. Ganz unkonventionell gießen Sie mit einer **Chiantiflasche** – da kommen sicher Urlaubserinnerungen auf. Wer aber viele und große Kübelpflanzen zu versorgen hat, nimmt besser den Gartenschlauch.

Rosenschere

Eine solche Spezialschere ist fast unentbehrlich. Kurze, kräftige Äste können damit genauso gut geschnitten werden wie zarte Triebe. Dank des **ergonomisch** geformten Griffs liegt die Schere gut in der Hand, und Blasen bekommen Sie bestimmt nicht. Es gibt Scheren für Rechts- und Linkshänder, sowie für kleinere Frauen- und größere Männerhände. Nur Klingen, die **superscharf** sind, garantieren einen sauberen Schnitt – eine Voraussetzung, dass die Pflanze keinen Schaden nimmt. Ein Muss ist eine **Sicherung** zum Schließen der Klingen.

Die Top 8 der

Handschuhe

Für verschiedene Arbeiten gibt's unterschiedliche Materialien und Ausführungen. Einmal braucht man einen **Schutz** gegen Dornen und Stacheln, ein andermal sollen die Hände beim Umtopfen sauber und trocken bleiben oder man will sich vor giftigen Pflanzenteilen schützen. **Latexbeschichtung** machen den Handschuh wasserundurchlässig, mit extra dick beschichteten kann man auch Rosen schneiden. Weich und komfortabel, aber widerstandsfähig sind Handschuhe aus **Leder**; aus **Baumwolle** ermöglichen sie Fingerspitzengefühl.

Besen

Fegen gehört für Gärtner zum alltäglichen Geschäft. Von Besen und Fegern gibt es **leichte Ausführungen** für trockene und glatte Flächen und **robuste** Typen für groben und feuchten Schmutz. Je dichter die Borsten stehen, desto schneller ist der Schmutz beseitigt. Stubenbesen und Handfeger aus Rosshaar sind empfindlich und vertragen keinen Dauerdruck. Borsten aus Naturmaterialien wie Bahia und Piassava oder aus Kunststoff eignen sich für gröbere Säuberungen. Auch nasse Erde fegen sie problemlos beiseite.

Sprühgeräte

Mit einer Sprühflasche erhöhen Sie die Luftfeuchtig-keit um die Pflanzen herum. Einfache, aber hochwertige Geräte haben eine handbetriebene Druckpumpe, einen stabilen Kunststoffbehälter mit 0,3 bis 2,5 Litern sowie eine verstellbare Düse, damit der Zerstäubungs-grad ausgewählt werden kann. Die größeren Fein- oder Gartensprüher sind mit einer auswechselbaren Zerstäuberdüse, einem abnehmbaren Kunststoffbehälter mit separater Einfüllöffnung und einer handbetriebenen Messingpumpe ausgestattet.

Minigewächshaus für die Kleinen

In Zimmergewächshäusern ziehen Sie Pflanzen aus Samen oder Stecklingen sicher selbst an, denn bei warmen Tem-peraturen und konstanter Luftfeuchte wachsen sie am besten. Egal ob Schatulle aus Zinkblech und Glas, deren Deckel sich in mehreren Stufen hochstellen lässt, Holz-häuschen mit Acrylscheiben oder Zimmergewächshaus aus Kunststoff – wichtig sind Möglichkeiten zum Lüften und Öffnen. Luxusmodelle können elektrisch beheizt wer-den, ein Heizkabel erwärmt den Boden auf 25 °C.

Arbeitsgeräte

Schaufel und Gabel

Bepflanzte Kübel auf Balkon und Terrasse können mit einer kleinen Handschaufel oder -gabel genauso optimal gepflegt werden wie Gartenbeete. Schnell ist ein kleines Pflanz-loch ausgehoben oder der Boden gelockert. Leicht gräbt es sich mit Handschaufeln, deren Blatt zugespitzt ist. Mit breiten, runden Schaufeln kann man große Kübel schnell mit Erde füllen. Lange halten Exemplare aus witte-rungsbeständigem Kunststoff, angenehm in der Hand lie-gen Handschaufeln und -gabeln mit Holzgriffen. Je leichter die Geräte sind, desto besser für die Gelenke.

Etiketten

Visitenkarten machen nicht nur auf den Namen ihrer Träger aufmerksam, sondern sind auch sehr dekorativ. Es ist ja auch immer gut zu wissen, was wo steht. Es gibt Eti-ketten in Form von schlichten Stäben, die man in die Erde steckt, oder als ovale Schilder zum Aufhängen in die Pflanzen. Etiketten aus Aluminium, Kupfer oder Zink ver-blassen im Freien genauso wenig wie solche aus Keramik oder Terrakotta. Man bekommt sie unbeschriftet oder beschriftet. Wollen Sie selbst beschriften, benutzen Sie einen UV- und wasserfesten Stift.

Vom Einmaleins des Gießens

Wenn Blumen Durst haben, hilft nur eins: Gießen. Wie groß der Schluck aus der Kanne ausfällt ist vom Wetter und nicht zuletzt von der Pflanze selbst abhängig. Man braucht nur ein bisschen Grundwissen darüber, bei welcher Portion Wasser die Pflanzen richtig aufblühen.

Anders als im Boden wurzelnde Pflanzen, die vom Wasservorrat in der Erde profitieren können, sind Kübelpflanzen auf eine ständige Nachlieferung von Wasser angewiesen. Besonders im Sommer müssen wir auf eine gute Wasserversorgung achten: Je sonniger sie stehen und je stärker sie dem Wind ausgesetzt sind, desto mehr Wasser brauchen die Pflanzen. Am besten gießt man morgens und – wenn wieder nötig – abends. Mittags zu gießen ist tabu! Erstens erleiden die aufgeheizten Wurzelballen bei Kontakt mit dem kalten Wasser einen Kälteschock und zweitens wirken Wassertropfen auf den Blättern wie Brenngläser. Verbrennungen und hässliche Flecken auf Blättern und Blüten sind die Folge.

Obwohl es sich zunächst nach mehr Arbeit anhört – die Erfahrung zeigt, dass es für Sie zeitsparender und für die Pflanzen gesünder ist, regelmäßig zu gießen. Warten Sie dagegen mit dem Gießen bis sich die Erde bereits vom Tontopf gelöst hat und die Pflanze schlappt, hilft nur noch das zeitaufwändige Tauchen. Dabei muss der Topf solange unter Wasser gehalten werden, bis keine Bläschen mehr aufsteigen.

Gegossen werden muss:
➤ wenn Sie fühlen, dass die Erde 1–2 cm tief ausgetrocknet ist,
➤ wenn sich der Topf leichter als sonst anheben lässt,
➤ wenn der Ton beim Anklopfen hell klingt.

Und wenn Sie ganz unsicher sind: den Ballen herausnehmen und nachsehen, wie feucht oder trocken die Erde ist.

Zum Gießen nehmen Sie am besten eine Gießkanne ohne Brausekopf. Wässern Sie direkt auf die Erde und bis der ganze Wurzelballen durchdringend feucht ist. Vermeiden Sie dabei möglichst die Blätter und Blüten zu benetzen. Sind sie ständig feucht, haben Pilze ein leichtes Spiel, sich auszubreiten. Wichtig ist, dass der Ballen zwischen den Gießvorgängen immer wieder abtrocknen kann. Es gibt nichts Schlimmeres für Pflanzen, als ständig »nasse Füße« zu haben.

VERRAT MIR WIEVIEL DU BRAUCHST!

Schon das Aussehen der Blätter gibt Aufschluss, ob die Kübelpflanze grundsätzlich viel oder wenig Wasser braucht. Große, weiche Blätter verdunsten viel Wasser, feste, kleine oder dickfleischige Blätter wenig. Zu den Kübelpflanzen, die stets durstig sind, gehören Engelstrompete, Hammerstrauch und Wandelröschen. Weniger gegossen werden Schmucklilie, Granatapfel, kleine Olivenbäumchen und Palmen.

WASSER IST NICHT GLEICH WASSER

Je nach Region und Kalkgehalt geben sich Kübelpflanzen mit »normalem« abgestandenem Leitungswasser nicht zufrieden. Vor allem der im Wasser gelöste Kalk bereitet einigen Kübelpflanzen Schwierigkeiten. Oft bilden sich Kalkkrusten auf den

Ohne Brausekopf geht's besser: Die Blätter möglichst nicht mit Wasser benetzen, sonst breiten sich leicht Pilzkrankheiten aus.

Topfwänden und die Pflanzen haben Probleme, Nährstoffe aufzunehmen. Sehr empfindlich auf »hartes« Wasser reagieren zum Beispiel Erdbeerbaum (*Arbutus unedo*) und Zitronenbäumchen. Glücklich ist, wer die Möglichkeit hat, Regenwasser zu sammeln und damit zu gießen.

Für alle mit wenig Zeit

➤ Bei Kübeln mit **Wassertank** brauchen Sie nicht täglich zu gießen und können die Pflanzen auch über das Wochenende allein lassen. Kapillareinsätze, Vliesstreifen oder Tonröhren leiten das Wasser über einen Zwischenboden aus den Tanks zu den Wurzeln.

➤ Wer einen Wasserhahn auf der Terrasse oder im Garten hat, kann seine Kübelpflanzen über eine **Tropfbewässerung** versorgen. Die Pflanzen werden über dünne Schläuche, die von einem Verteilerschlauch abzweigen, mit Wasser versorgt. Die Enden der dünnen Schläuche sind mit Tropfern ausgestattet, aus denen Wasser perlt. Sie werden einfach in die Erde gesteckt.

➤ Beim **Tropf-Blumat** fungieren Tonkegel als Wasserspender. Sie fühlen die Feuchtigkeit der Erde und geben entsprechend Wasser ab.

➤ Technischer arbeitet ein **Bewässerungssystem**, das über eine Zeitschaltuhr steuert, wann Wasser fließen soll. Aber Vorsicht: Der Computer befiehlt z. B. selbst dann eine Wassergabe, wenn es stark geregnet hat.

➤ **Achtung**: Alle Systeme und besonders der **Tropf-Blumat** sind nichts für hartes Wasser, da der Kalk die Tropfer schnell verstopft. Es kommt auch immer wieder vor, dass die zusammengesteckten Schläuche abspringen. Kontrollieren Sie Ihr System regelmäßig.

Düngestäbchen, die bequemste Lösung.

Langzeitdünger muss etwas eingeharkt werden.

Richtig düngen leicht gemacht

Woher sollten Kübelpflanzen mit ihrem begrenzten Wurzelraum ihre Nährstoffe bekommen, wenn nicht vom Gärtner? Weil der Nährstoffvorrat in der Topferde bald aufgebraucht ist, sorgen Sie mit Dünger immer wieder für Nachschub.

Wie wir Menschen brauchen auch Pflanzen Nährstoffe, um zu wachsen und gesund zu bleiben. Pflanzen, die in Kübeln gehalten werden, sind bei der Versorgung besonders auf unsere Hilfe angewiesen, weil der Nachschub an Mineralen aus der Erde bald erschöpft ist. Darum müssen wir sie regelmäßig mit Dünger versorgen.

Während organische Dünger aus tierischen Abfallprodukten wie Mist oder pflanzlichen Resten bestehen, werden Mineral- oder Kunstdünger synthetisch hergestellt. In organischen Düngern wandeln Mikroorganismen die gebundenen Nährstoffe um und machen sie auf diese Weise für die Pflanzen verfügbar. Der Vorteil ist, dass der Prozess langsam abläuft, die Nährstoffe gleichmäßig verteilt abgegeben und das Bodenleben und der Humusgehalt gefördert werden. Die Nährstoffe in mineralischen Düngern dagegen sind wasserlöslich. Da sie im feuchten Boden sofort für die Pflanzen verfügbar sind, wirken sie schneller als

organische Dünger. Dieser Vorteil kehrt sich zum Nachteil um, wenn falsch dosiert wird. Denn Pflanzen reagieren sofort mit Flecken und Verbrennungen auf eine zu hohe Düngerkonzentration.

FLÜSSIG- UND LANGZEITDÜNGER

Für Balkon- und Kübelpflanzen werden organische und mineralische Dünger als Flüssigdünger, Langzeitdünger oder Spezialdünger angeboten.

Flüssig- oder Sofortdünger werden mit dem Gießwasser verteilt. Der Vorteil eines Flüssigdüngers ist, dass man die Gaben gut an den aktuellen Bedarf der Pflanzen anpassen kann. Der Nachteil ist, dass man kontinuierlich, d. h. im Sommer mindestens einmal wöchentlich nachdüngen muss. Dabei besteht die Gefahr, die Pflanzen zu überdüngen, wenn Sie es mit den Portionen, die Sie unters Gießwasser mischen, zu gut meinen. Halten

Flüssigdünger lässt sich individuell dosieren.

Beim Kompost kommt es auf die Mischung an.

Sie sich deshalb unbedingt an die vom Hersteller empfohlenen Konzentrationen.

Eine Alternative sind **Langzeit- oder Depotdünger**, es gibt sie z. B. in Granulatform. Die Nährstoffe darin werden abhängig von Temperatur und Feuchtigkeit nach und nach freigesetzt. Langzeitdünger haben den großen Vorteil, dass man sie im zeitigen Frühjahr einfach unter die Erde mischt und sich in den nächsten Wochen um die Versorgung der Pflanzen keine großen Gedanken zu machen braucht. Langzeitdünger wirken nur, wenn die Pflanzen von oben gegossen werden. Auch hier sollten Sie auf die Beschreibung auf der Packung achten, denn die Wirkungsdauer der angebotenen Präparate ist verschieden.

Eine Besonderheit ist der so genannte **Zwei-Phasen-Dünger**. Er setzt einen Teil der Nährstoffe sofort frei, der Rest wird langsam über Monate abgegeben. Der Zwei-Phasen-Dünger tut Kübelpflanzen gut, die mehrere Jahre im gleichen Kübel und in der gleichen Erde stehen. Lockern Sie die oberste Bodenschicht und harken den Dünger mit einer kleiner Handgabel einfach unter. So sind die Pflanzen sofort und auf längere Zeit gut versorgt.

Spezialdünger gibt es für Pflanzen, die außer dem normalen Bedarf an Stickstoff, Phosphor und Kalium Sonderwünsche an die Ernährung haben. Zitruspflanzen zum Beispiel brauchen extrem viel Eisen, um gesund zu bleiben, Geranien haben ständig Appetit, der nur durch einen hohen Nachschub an Nährstoffen gedeckt werden kann. Spezialdünger werden meist in flüssiger Form angeboten.

MIT KOMPOST DÜNGEN

Wer sein Substrat für Balkonkästen und Kübel selber zusammenstellen möchte und dafür auch eigenen Kompost verwenden kann, sollte nur ein Drittel Kompost nehmen und mit guter Gartenerde, Rindenhumus und Holzfasern mischen. Kompost allein ist zu alkalisch und stark mit Nährsalzen angereichert, die den Pflanzen in dieser Form nicht gut tun. Mischen Sie Blähton oder Perlite unter, das sorgt für bessere und dauerhafte Luft- und Wasserspeicherfähigkeit

WIE UND WANN DÜNGEN?

Während einjährige Pflanzen von Frühjahr bis Herbst durchgehend gedüngt werden sollten, wollen Kräuter und mediterrane Kübelpflanzen ab Ende August keine Nährstoffgaben mehr. Denn nur wenn sie »darben«, bilden sie feste Triebe, die bis zur Winterruhe ausreifen können und bei Kälte nicht erfrieren. Kübelpflanzen mit zu viel Dünger zu versorgen, ist ebenso schlecht wie mit zu wenig. Man sieht es den Pflanzen schon nach wenigen Wochen an, wenn man etwas falsch gemacht hat. Überdüngte Pflanzen bekommen weiche und mastige Triebe und Blätter, die sich dunkelgrün färben oder dunkle Flecken bekommen. Sie bilden Blätter in Mengen, Blüten aber kaum. Und sie sind anfälliger für Schädlinge und Krankheiten. Unterversorgte Pflanzen kümmern: Junge Blätter färben sich hellgrün bis gelb, ältere verkrüppeln und fallen ab. Bei starkem Nahrungsmangel sterben die Triebspitzen ab.

Winterlicher Frost — non merci!

Mediterrane Kübelpflanzen mögen keine frostigen Temperaturen, denn sie sind an ein Klima wie am Mittelmeer gewöhnt. Deshalb brauchen sie bei uns ein Winterquartier.

Das optimale Winterquartier ist hell und kühl. Hell, weil viele der Kübelpflanzen immergrün und auch in der kalten Jahreszeit photosynthetisch aktiv sind. Kühl, weil die Pflanzen Ruhe brauchen, um sich zu erholen. Die optimale Temperatur im Winterquartier liegt zwischen 5 und 15 °C. Manche Arten bevorzugen Temperaturen Richtung 0 °C, andere tendieren eher zu 15 °C. Zuviel Wärme aber mag keine, sie regt das Wachstum an und das kostet die Pflanzen mehr Energie, als die Blätter durch Photosynthese liefern können. Die Folge: Die Pflanzen kümmern.

Ein frostfreier Wintergarten ist ideal zum Überwintern. Geheizt werden muss hier nur, wenn die Temperaturen stark unter den Gefrierpunkt sinken. Ebenso geeignet sind helle, unbeheizte Waschkeller, Treppenaufgänge, Treppenhäuser oder auch mäßig halbdunkle Garagen und Fahrradkeller, wenn Sie nicht unter 0 °C abkühlen. In Frage kommt auch ein Kleingewächshaus. Dort müssen allerdings die Wurzelballen der Pflanzen mit Jutematten eingepackt werden und ein Mini-Heizgebläse wärmt, falls nötig, die Luft etwas auf. Wer nur einen Balkon hat, kann seine Pflanzen unter einer selbst gebauten Konstruktion aus Holz und Folie über den Winter bringen. Stellen Sie die Pflanzen in ihrer provisorischen Unterkunft im Herbst eng zusammen und umwickeln Sie die Töpfe mit Holzwolle oder Stroh.

GESUND ÜBER DEN WINTER

Überprüfen Sie die Pflanzen regelmäßig auf Schädlinge, besonders auf Blattunterseiten und Zweigen, denn hier verstecken sich gern einzelne Tiere, die später für ganze Kolonien von Quälgeistern sorgen. Ein idealer Keimboden für Krankheiten sind welke Pflanzenteile – entfernen Sie sie regelmäßig. Nutzen Sie jede Gelegenheit bei frostfreiem, mildem Wetter, um zu lüften, denn Ihre Pflanzen lieben frische Luft, Krankheitserreger und Schädlinge mögen das gar nicht. Achten Sie auch darauf, dass die Erde bei den immergrünen Pflanzen leicht feucht ist, bei laublosen Pflanzen dagegen kann die Erde etwas trocken sein. Übrigens: Pflanzen im Winterquartier werden nicht gedüngt! Sie können Nährstoffe wegen der niedrigen Temperaturen und geringen Lichtintensität gar nicht umsetzen. Sie würden ungenutzt ausgewaschen oder zu Salzkristallen verklumpen, die die Wurzeln schädigen. Anders sieht es bei Pflanzen im warmen Wintergarten aus. Sie brauchen auch im Winter Dünger, wenn auch nur einmal im Monat.

DER BESTE PLATZ

Pflanzen mögen im Winter ganz unterschiedliche Standorte:
➤ Kübelpflanzen, die im Winter ihr Laub abwerfen, können an einem dunklen, kalten Standort, z. B. einem Kellerraum, stehen. Bei Temperaturen von 0–5 °C stehen gerne dunkel: Schmucklilie (*Agapanthus*), Bougainvillee (*Bougainvillea glabra*), Feige (*Ficus carica*), Wandelröschen (*Lantana-Camara*-Hybride), Bleiwurz (*Plumbago auriculata*), Granatapfel (*Punica granatum*).
➤ Verhältnismäßig leicht zu händeln sind auch Exemplare, die man bei Temperaturen um den Gefrierpunkt und halbdun-

kel, z. B. in einer Garage, aufstellen kann. Bei Temperaturen von 0–5°C, aber mäßig hell und kalt möchten Agave (*Agave* spec.), Feigenbaum (*Ficus carica*), Granatapfel (*Punica granatum*), Lorbeer (*Laurus nobilis*) stehen.

➤ In einem Waschraum bei 5–12°C überwintern gerne: Schmucklilie (*Agapanthus*), Bougainvillee (*Bougainvillea glabra*), Oleander (*Nerium oleander*), Bleiwurz (*Plumbago auriculata*), Granatapfel (*Punica granatum*).

➤ Im Wintergarten oder Treppenhaus bei 15–18°C können Hammerstrauch (*Cestrum*-Arten), Calamondin-Orange (*Citrus citrofortunella mitis*), Passionsblume (*Passiflora*-Arten) und Bleiwurz (*Plumbago auriculata*) stehen. Sie bevorzugen im Winter normalerweise Temperaturen zwischen 5 und 10 °C, fühlen sich aber auch im warmen Wohnwintergarten wohl, dort am liebsten direkt am Fenster. Je wärmer Kübelpflanzen überwintert werden, umso heller müssen sie stehen.

➤ Einige Kräuter und Gehölze überstehen die kalte Jahreszeit auch unbeschadet draußen. Um starke Temperaturschwankungen für die Wurzelballen abzudämpfen, wickelt man die Töpfe am besten mit Kokosfasermatten oder Noppenfolie ein. Diese Maßnahme ist besonders bei immergrünen Kübelpflanzen sehr wichtig, deren Blätter bei Tauwetter Wasser verdunsten. Wenn der Ballen noch durchgefroren ist, während die Blätter Nachschub fordern, können die Wurzeln in ihrer Kältestarre kein Wasser liefern und die Blätter vertrocknen. Die Folge ist die so genannte Frosttrocknis, die man leicht an den braun gefärbten Blättern erkennt. Da Wind und Sonne die Verdunstung fördern, sollten die Kübelpflanzen draußen an einem geschützten Platz stehen. Vergessen Sie vor allem bei länger anhaltendem Tauwetter das Gießen nicht!

Terrakotta wiegt ganz schön viel! Mit Tragegurten geht's besser, das schont vor allem den Rücken.

Aufgewacht, der Frühling ist da!

Wecken Sie Ihre Kübelpflanzen vorsichtig aus dem Winterschlaf. Während manchen leichte Fröste nichts ausmachen, reagieren andere extrem empfindlich auf Minusgrade. Die exotischen Schönheiten brauchen einige Zeit, um sich an die Temperaturen draußen zu gewöhnen.

Herrlich! Nach der kalten Winterzeit genießt man die ersten warmen Sonnenstrahlen in vollen Zügen. Schnell kommt einem der Gedanke, dass das Wetter auch den Pflanzen im Winterquartier gut tun könnte, und man möchte sie sofort rausstellen. Lassen Sie sich bitte nicht täuschen, denn erst ab Mitte Mai ist die Frostgefahr endgültig gebannt.

VORSICHT BEIM AUSRÄUMEN

Robuste Kübelpflanzen wie Feige (*Ficus carica*), Hanfpalme (*Trachycarpus fortunei*) und Lorbeer (*Laurus nobilis*) dürfen ab Mitte April nach draußen. Ihnen machen leichte Fröste nichts aus. Ende April/Anfang Mai folgen die kältetoleranten Kamelien (*Camellia japonica*), Oleander (*Nerium oleander*) und Rosmarin (*Rosmarinus officinalis*). Stellen Sie die Pflanzen am Anfang tagsüber nur stundenweise an die frische Luft, damit sie sich an die kühle Witterung draußen gewöhnen können. Abends aber wieder rein mit ihnen, denn die Temperaturen sinken nachts gern noch unter den Gefrierpunkt. Bei Bleiwurz (*Plumbago auriculata*), Engelstrompete (*Brugmansia* spec.), Geranien (*Pelargonium*-Hybriden), Strauchmargerite (*Chrysanthemum frutescens*) und Wandelröschen (*Lantana-Camara*-Hybride) sollte man mit dem Ausräumen auf jeden Fall bis Mitte Mai nach den berühmten »Eisheiligen« warten. Vor unerwarteten Spätfrösten wickeln Sie Ihre Kübelpflanzen kurzerhand mit Noppenfolie oder alten Wolldecken ein.

Muten Sie ihren Schützlingen nicht zuviel zu. Nach dem Winterquartier sind sie die rauen Verhältnisse draußen nicht mehr gewöhnt – also sollten die Pflanzen nur an Tagen mit bedecktem Himmel ausgeräumt werden. Selbst Sonnenanbeter wie Oleander und Wandelröschen bekommen schnell einen Sonnenbrand, wenn man sie nach der Winterruhe direkt in die pralle Sonne stellt. Ein Platz im Schatten ist der ideale Ort, um sie wieder langsam an die UV-Strahlung zu gewöhnen. Wenn es nicht möglich ist, alle Kübelpflanzen im Schatten unterzubringen, schützt ein Vlies gegen zu viel Sonne. Es wird einfach über die Pflanzen gelegt. Bei starker Einstrahlung doppelt oder dreifach falten.

EIN NEUER TOPF MUSS HER

So mancher Kübelpflanze ist im vergangenen Jahr der Topf zu klein geworden. Das Frühjahr ist die beste Zeit, ihnen neue Erde zu gönnen, damit sie gut in den Sommer kommen. Nehmen Sie dafür auf jeden Fall frische Blumenerde. Gebrauchter, in der schon Pflanzen gewurzelt haben, fehlen wichtige Nährstoffe. Außerdem enthält sie womöglich Krankheitserreger. Entfernen Sie vor dem Umtopfen Verblühtes und trockenes Laub. Was Sie beim Umtopfen beachten sollten, erfahren Sie auf den Seiten 72/73.
Jetzt ist auch die beste Gelegenheit, die Pflanzen auf Schädlinge zu kontrollieren. Prüfen Sie die Blattober-, aber auch vor allem die Blattunterseiten mit der Lupe (s. Seite 88/89).

Granatapfel und Zitronenbäumchen sollten Sie nach dem Winterschlaf langsam wieder an das Klima draußen gewöhnen.

Mit einer Schafschere lässt sich Buchs in Form bringen.

Einkürzen langer Triebe fördert die Verzweigung.

Der richtige Schnitt — und die Pflanzen leben auf

Auch wenn viele Menschen sich scheuen, ihre Pflanzen regelmäßig einzukürzen: Der Rückschnitt regt die Verzweigung an, verjüngt Pflanzen und fördert die Blütenbildung. Das Schneiden zu lernen ist gar nicht so schwer, wie man gemeinhin denkt.

Bei den meisten **Kübelpflanzen** ist der Griff zur Schere ein Muss, weil sie sonst sparrig wachsen und nur spärlich blühen. Mit einem Schnitt zwischen Ende Januar und Anfang März – bevor die Zweige austreiben – lichten Sie die Pflanze aus: Alle abgestorbenen oder zu dünnen, hellgrünen Triebe werden direkt am Ansatz abgeschnitten und dicht stehende Zweige, die nach innen wachsen, eingekürzt. Kübelpflanzen, z. B. dem Hammerstrauch, die knapp über dem Boden ständig neue Triebe bilden, tut es gut, alle ein bis zwei Jahre verjüngt zu werden. Dafür schneidet man ältere Zweige an der Basis ab. Über der Schnittstelle wachsen neue, junge Triebe, die üppiger blühen als die alten.

Im Herbst sollten Sie Ihre mediterranen Pflanzengäste etwas einkürzen, damit sie genügend Platz im Winterquartier haben. Bleiwurz (*Plumbago auriculata*), Engelstrompete (*Brugmansia*), Kreppmyrte (*Lagerstroemia indica*) und Wandelröschen (*Lanta-na-Camara*-Hybride) sind Sonderfälle. Sie können im Herbst kräftig zurückgeschnitten werden, weil sie im Frühjahr wieder sehr schnell durchstarten. Bei Oleander (*Nerium oleander*) dürfen Sie nur die alten Triebe auslichten. Nach einem radikalen Rückschnitt würde die nächste Blüte ausfallen, weil bereits angelegte Knospen entfernt wurden.

IN BESTER SOMMERLAUNE

Bei rasch wachsenden Pflanzen wie dem Wandelröschen oder der Kreppmyrte, die zu einem sparrigen Wuchs neigen, ist es ratsam, auch während der Saison des öfteren die neuen Triebe um die Hälfte einzukürzen. Diesen Korrekturschnitt können Sie im Frühjahr oder Sommer jederzeit durchführen, sobald Sie merken, dass ihre Pflanzen außer Form geraten. So bleiben sie kompakt und dichtbuschig.

Verwelkte Rosenblüten entfernen.

Lavendel schneiden Sie im Frühjahr.

Bleiwurz, Geranien, Margeriten (*Chrysanthemum frutescens*) und Wandelröschen blühen üppig nach, wenn man welke Blüten regelmäßig entfernt. Verblühtes wird bei Geranien, Margeriten und Wandelröschen am Stielansatz mit der Schere entfernt oder ausgebrochen. Beim Bleiwurz zupft man welke Blüten mit der Hand ab.

WELCHER SCHNITT FÜR WELCHE PFLANZE?

Mediterrane Sträucher überstehen unsere Winter meist nicht ohne Frostschäden. Schneidet man Bartblume (*Cariopteris* x *cladonensis*), Blaurauke (*Perovskia abrotanoides*) und Säckelblume (*Ceanothus*) im Frühjahr auf 5–20 cm zurück, verkahlen sie nicht und blühen an den einjährigen Ästen schon in geringer Höhe.

Rosen machen sich prächtig, wenn Sie im Frühjahr totes und krankes Holz entfernen. Strauch- und Kletterrosen, die nur einmal im Jahr blühen, werden sehr behutsam oder gar nicht geschnitten; bei öfter blühenden Kletterrosen (Climber) lichtet man im Frühjahr alte Triebe aus und kürzt die Seitentriebe auf wenige Augen ein, bei Rankrosen (Rambler) nimmt man nur einige alte Triebe über dem Boden heraus. Im Sommer kürzt man nach der Blüte die kräftigen Seitentriebe ein, damit sie wieder austreiben und blühen. Bei öfter blühenden Beet,- Zwerg- oder Edelrosen und Hochstämmchen werden im Frühjahr die Zweige entfernt, die nach innen wachsen. Die übrigen Triebe von Hochstämmchen und Zwergrosen werden auf 10–20 cm zurückgeschnitten, von Beet- und Edelrosen auf 20–40 cm. Immer muss beim letzten Schnitt im Jahr das letzte stehen bleibende Auge nach außen zeigen.

Damit die **Immergrünen** Buchs, Zypressen, Myrten, Eiben oder Lorbeer nicht struppig aussehen, müssen die Pflanzen zwischen Mai und August regelmäßig geschnitten werden. Dabei werden alle aus der Form wachsenden Triebe eingekürzt sowie Stamm- und Wurzeltriebe entfernt. Nur an trüben Tagen schneiden und nicht bei praller Sonne!

Kräuter wie Lavendel und Salbei wachsen zu kompakten Büschen, wenn Sie sie immer im März um ein Drittel zurückschneiden. Wer nicht auf die blauen Blüten vom Salbei verzichten möchte, darf ihn erst ab Ende Juni schneiden. Auch Bergbohnenkraut, Oregano und Thymian wollen im Frühjahr großzügig zurückgeschnitten werden, damit ihre Polster dicht bleiben. Vom Rosmarin nimmt man im Frühjahr dagegen nur die erfrorenen Triebe tief bis ins gesunde Holz zurück. Tote Zweige lassen sich leicht abbrechen und sind durch und durch trocken. Regelmäßiges Ernten bekommt allen mediterranen Kräutern gut. Während man von Basilikum, Rosmarin, Salbei und Thymian nur die Triebspitzen nimmt, schneidet man die Zweige von Minze bodennah ab.

Einjährige wie Männertreu und Duftsteinrich blühen in Schüben. Nach der Hauptblüte im Juni/Juli werden die Pflanzen um ein Drittel zurückgeschnitten, um den Nachflor zu fördern.

Erste Hilfe für Pflanzen

Trotz guter Pflege können Schädlinge und Krankheiten Ihren Schützlingen das Leben schwer machen. Wenn Sie regelmäßig nach den Pflanzen sehen, entdecken Sie die Quälgeister rechtzeitig.

Gestern sah die Geranie noch gesund und munter aus. Und heute? Schlapp hängen die Blätter herunter, welk wirken die Blüten. Scheinbar über Nacht hat sich eine Kolonie von Blattläusen auf den Stielen angesiedelt und saugt zu Hunderten der Pflanze das Leben aus den Adern.

Kontrollieren Sie Ihre Pflanzen regelmäßig. Denn bei einem starkem Befall helfen oft nur noch chemische Mittel. Achten Sie aber darauf, dass Sie nach Möglichkeit Pflanzenschutzmittel einsetzen, die Nützlinge schonen. Sprühen Sie immer draußen und nur bei bedecktem Himmel und Windstille.

HÄUFIGE SCHÄDLINGE

Blattläuse: Die 1-3 mm großen, grünen oder schwarzen Insekten sitzen an jungen Triebspitzen, Blattunterseiten und Blütenknospen, wo sie den Saft aus den Pflanzen saugen. Sobald Blattläuse auf den Pflanzen zu sehen sind, sollten Sie sie abstreifen oder mit einer Schmierseifenlösung besprühen.

Schildläuse und **Woll-** oder **Schmierläuse** finden Sie an Stielen und Blättern. Die Schildläuse sitzen unter einem rundlichen gelben oder braunen Schild, Woll- oder Schmierläuse verstecken sich unter einem wachsähnlichen Belag. Schildläuse treten oft

Davor sind auch mediterrane Kübelpflanzen nicht gefeit: Auf der Blattunterseite siedeln sich Schildläuse an.

Benetzen Sie alle Pflanzenteile mit Pflanzenschutzmitteln – besonders die Blattunterseiten.

auf, wenn die Pflanzen zu warm überwintert wurden. Kratzen Sie Schilde oder Beläge vorsichtig ab.

Nacktschnecken fressen bei feuchtem Wetter und in den Abendstunden Pflanzen völlig kahl. Tagsüber verkriechen sie sich überall hin, wo's dunkel und feucht ist. Sammeln Sie sie in den Abendstunden ab, streuen Sie Schneckenkorn.

Der **Dickmaulrüssler** ist ein 10 mm großer, grauschwarzer Käfer, der nachts die Blattränder buchtenförmig anfrisst. Seine weißen Larven leben in der Topferde und fressen Wurzeln, die Pflanzen vertrocknen. Topfen Sie die Pflanzen aus und sammeln Sie die Larven ab. Biologisch lassen sich die Larven sehr gut mit parasitären Fadenwürmern (Nematoden) bekämpfen. Die Fadenwürmer können Sie in Fachgeschäften bestellen; man bringt sie mit dem Gießwasser aus.

HÄUFIGE KRANKHEITEN

Der **Echte Mehltau** hinterlässt weißen, mehligen Belag auf der Oberseite von Blättern, Blüten und Knospen, besonders auf überdüngten Pflanzen, die trocken und warm stehen. Bei Befall die kranken Pflanzenteile entfernen und die Pflanzen mit Schachtelhalmbrühe duschen. Bei Rosen gibt es Sorten, die gegen Mehltau resistent sind.

Grauschimmel überzieht die Pflanze mit einem braungrauen, schmierigen Belag. Er tritt bei anhaltend feuchtem Wetter vor allem auf kranken oder verletzten Pflanzen auf. Entfernen Sie alle befallenen Teile, um ihn in Schach zu halten. Sorgen Sie für gute Belüftung.

Rostpilze bilden rötliche Pusteln auf den Blattunterseiten, oben sind die Blätter hell gefleckt. Die Pflanzen sterben langsam ab. Rost tritt häufig an Geranien und Rosen auf. Sind nur wenige Blätter betroffen, entfernen Sie die befallenen Blätter und werfen sie in die Mülltonne.

Sanfte Alternative

Je eher Sie die ersten Befallsanzeichen entdecken, desto leichter und sanfter lassen sich Schädlinge und Krankheiten bekämpfen.

Mechanische Maßnahmen sind:

➤ Schädlinge absammeln, abwaschen oder abbrausen.

➤ Kranke Pflanzenteile abschneiden.

➤ Die Luftfeuchtigkeit erhöhen bzw. senken, z. B. die Pflanzen besprühen oder in den Wind stellen.

➤ Die betroffene Pflanze von den gesunden isolieren.

Biologische Maßnahmen sind:

➤ Natürliche Feinde wie Marienkäfer oder Florfliegen aussetzen, die die Schädlinge dezimieren.

➤ Mit Jauchen, Brühen oder Tees aus Wildkräutern düngen oder spritzen, die die Abwehrkräfte der Pflanzen stärken. Einige getrocknete Kräuter gibt es speziell für diese Zwecke zu kaufen, z. B. Brennnessel-Pulver oder Schachtelhalm-Extrakt. Probieren Sie die Wirkung des Mittels vor dem Ausbringen an einigen Blättern aus – viele Pflanzen reagieren bei direktem Kontakt empfindlich auf die Kräuterextrakte.

➤ Aufgesprühte Algenpräparate fördern die Gesundheit der Pflanzen.

➤ Mit Neem (Gartenfachhandel) behandeln. Binnen weniger Stunden werden Schädlinge inaktiviert.

BEZUGSADRESSEN

Kübelpflanzen

Flora mediterranea
Königsgütler 5
84072 Au/Hallertau
www.floramediterranea.de

flora toskana
Böfinger Weg 10
89075 Ulm
www.flora-toskana.de

Kübel-Garten
Eichenweg 21
48499 Salzbergen
www.kuebelgarten.de

Südflora
Stutsmoor 42
22607 Hamburg
(Kübelobst)

Kräuter und Duftpflanzen

Die Blumenschule Rainer Engler
Augsburger Str. 62
86956 Schongau
www.blumenschule.de

Duftgeranien Stegmeier
Unteres Dorf 7
73457 Essingen
www.pelargonien-stegmeier.de

Rühlemanns Kräuter und
Duftpflanzen
Auf dem Berg 2
27367 Horstedt
www.ruehlemanns.de

SYRINGA-Samen
Bachstraße 7
78247 Hilzingen-Binningen
www.syringa-samen.de

Einjährige

Samen Jansen
Postfach 300115
46399 Bocholt

Thompson & Morgan über
Thysanotus Samenversand
Postfach 11 03
28871 Oyten
Tel. 0 42 07/57 08, Fax 57 22
(auch Blumenzwiebeln)

Accessoires, Möbel, Rankgerüste:

Château Bordeaux
Am Krähenberg 19 a
22587 Hamburg
www.chateau-bordeaux.de

Country Garden
Nagolder Straße 27
72119 Ammerbuch-Pfäffingen
www.country-garden.de

Die Gartengalerie
Wössinger Str. 15
75045 Walzbachtal
www.gartengalerie.de

Hesperiden
In der Schmalau 4
90427 Nürnberg

Rottenecker GmbH
Gewerbestr. 1
77749 Hohberg

Strandgut KG
Thomas von Salomon
Blutenburgstraße 74
80636 München
www.strand-gut.de

...terrane Garten
...andlung Beu-
...999

...nnen, Wasser-
becken und Wasserspiele
Verlag Georg D. W. Callwey GmbH & Co.,
München, 1999

Gross, Elvira: Palmen auswählen und
pflegen
Gräfe und Unzer Verlag, München, 1999

Hobhouse, Penelope: Gärten in Italien
Birkhäuser Verlag, Basel, 1998

Kawollek, Wolfgang: Kübelpflanzen
Verlag Eugen Ulmer, Stuttgart, 1997

Köchel, Christoph: Wintergarten
BLV-Verlagsgesellschaft mbH, München,
2001

Leufen, Beate: Topiari
Kosmos-Verlag, Stuttgart, 1998

Mayer, Joachim u. Strauß, Friedrich:
Balkon und Kübelpflanzen für Einsteiger
Gräfe und Unzer Verlag, München, 2000

Mittmann, Dieter u. Helga: Kübelpflanzen erfolgreich pflegen
Gräfe und Unzer Verlag, München, 1994

Niemeyer, Wolfgang: Geschnittene
Gartenkunst
Verlag Georg D. W. Callwey, München,
1996

Taylor, Patrick: Gärten in Frankreich
Birkhäuser Verlag, Basel, 1998

Tolley, Emelie u. Mead, Chris: Gartengestaltung mit Kräutern
Du Mont-Verlag, Köln, 1996

Wolf, Rosa: Gartenpflanzen
BLV-Verlagsgesellschaft mbH München,
2000

DANK

Ein großes Dankeschön möchte ich
meinem Lebensgefährten Peter Hitsch
sagen, der mich von Anfang bis Ende
des Projekts mit großer Geduld unter-
stützt hat.

Verlag und Fotograf danken für die
freundliche Unterstützung bei der
Fotoproduktion:

Frau Böhme, Heidelheim
Botanischer Garten, München
Fam. Burscheid, Soyen
Fam. Durchholz, Selb
Fa. arte-toskana, Mooshamm (Ecktopf)
(www.arte-toskana.de)
Fa. Haider-Metall, Pullenreuth (Toska-
nische Gartenmöbel)
(www.haider-metall.de)
Fa. Querbeet, München (Aussaat-
Gewächshäuschen)
(www.querbeet.com)
Fam. Freiberg, München
Gärtnerei Pöhlmann, Selb
Fam. Gewinner, Oschwitz
Frau Grollmusz, Selb
Fam. Haas, Selb
Fam. Hellus, Selb
Fam. Jahreiß, Selb
Frau Jäger, Hohenberg
Diana Kinzel ("Diana's Blumeneck"),
Selb
Fam. Krug, Selb
Fam. Paul, Selb
Stephan Sahm, München
Fam. Seifert, Arzberg
Fam. Thalhauser, Tittmoning
Günter Wunderlich, Selb

REGISTER

Fett gedruckte Seitenzahlen weisen
auf Abbildungen hin.

Accessoires 6, 8, 24 ff., 90
Agapanthus 32, **36**, 38, 82 f.
Agave 6, 21, 83
Aloe 6
Amphore 8, 13, **24**, 26
Ananas 16
Apfel 56
Aprikose 56
Arbeitsgeräte 74 ff., **74** f.
Arbutus unedo **33**, 79
Artemisia dracunculus 46
Artischocke 6, 22, 54
Atmosphäre 6
Aubergine 55
Ausräumen 84
Aussaatschale 69
Aussäen 68 f., **69**

Balkon 9, 11, 12, 34
Bartblume 87
Basilikum 46, **47**, **50**, 52
Beleuchtung 9
Bergbohnenkraut 22, 46, **50**, 52, 71, 87
Bewässerungssysteme 79
Blattläuse 88
Blaue Mauritius **63**, 65
Blauraute 87
Blauregen 16 ff., **42**, 44
Bleiwurz 6, 19, 32, 71, 82 ff., 86
Blumenampel 60

Bodenbelag 8
Bougainvillee 6, 11, 19, 23, 40 f., **40** f., 71, 82
Brennnesselbrühe 89
Brugmansia 32
Brunnen 20 f.
Buchs **12**, 13, 14, **15**, 87

Calamondin-Orange 58 f., 83
Camellia japonica 84
Campanula poscharskyana 22
Campsis radicans 19, **42**, 44
Capsicum annuum 54, **55**
Carpinus betulus 14
Cavolo nero 22, 54, **55**
Chamaedorea elegans 34
Chamaerops humilis 34
Chrysanthemum frutescens 32, **36**, 38, 87
Citrus aurantiifolia 58
Citrus aurantium 58
Citrus citrofortunella mitis 58
Citrus clementina 58
Citrus lemon 58, **85**
Citrus maxima 58
Citrus medica 59
Citrus sinensis 58
Citrus x *paradisi* 58
Cornus mas 14
Cucurbita pepo 55
Cynara cardunculus 22
Cynara scolymus 54

Dattelpalme 6, 34, **35**
Dickmaulrüssler 89
Dimorphotheca ecklonis 60, **63**, 65

Dorotheanthus bellidiformis 23, 60, **63**, 65
Düfte 16 f.
Duftgeranie 16
Duftsteinrich 60, **62**, 64, 68, 87
Duftwicke 19, 23, **43**, 45, 68
Düngen 80 f.
Dünger 80 f.

Efeu 19
Ehrenpreis 22
Eibe 11, 13, 14, 87
Einjährige 60 f., 62 ff., **62** f.
Eisheilige 84
Engelstrompete 8, 17, 32, **36**, 38, 71, 78, 84, 86
Erdbeerbaum **33**, 79
Erde 68 f., 72 f.
Eriobotrya japonica 33
Estragon 46
Euonymus spec. 14

Fagus sylvatica 14
Farben 10 f.
Feige 21, 32, 33, 82 ff.
Fenchel 47
Ficus carica 21, 32, 33
Ficus pumila 35
Foeniculum vulgare 47
Formschnitt 14 f., **15**
Fortunella japonica 58

Gänseblümchen, Span. 11, **62**, 64
Gartengestaltung 6, **7**, 14
Gazanie 10, **10**, 23, 60, **61**

Geißblatt 17 ff., **42**, 44
Gemüse 54 f.
Geranie 6, 11, 13, **13**, 23, 60, **62**, 64, 71, 84, 87
Geschirr **25**, 27
Gießen 78 f.
Glockenblume, Balkan- 22
Granatapfel 11, 33, **37**, 39, 68, 78, 82, 83
Grapefruit 58
Guave 68
Gypsophila elegans 22

Hainbuche 14
Hammerstrauch 11, **37**, 39, 71, 78, 83, 86
Hecken 8, 14
Hedera helix 19
Heiligenkraut 15
Heliotropium arborescens 60
Hibiscus rosa-sinensis **33**
Hochstämmchen 15, 41
Howea forsteriana 34

Ilex crenata 14
Insel Mainau 58
Ipomoea tricolor 19, **43**, 45
Iris-Barbarta-Hybride 22
Iris, Bart- 22

Jungfer im Grünen 68

Kalkgehalt 78
Kamelie 84
Kamille, Römische 8, 17
Kapkörbchen 6, 23, 60, **63**, 65
Kiwi 57

Klatschmohn 68
Klementine 58
Kletterfeige 35
Kletterpflanzen 18 f., 42 ff., **42** f.
Kletterrose 18, 19, **43**, 45
Kompost 81
Kornelkirsche 14
Krankheiten 88 f.
Kräuter 46 f., 50 ff., **50** f.
Kreppmyrte 6, 32, **37**, 39, 71, 86
Kübel 28 f.
Kübelpflanzen 8, 12 f., 23, 32 f., 36 ff., **36** f., 72
Kumquat 58

Lagerstoemia indica 32, 86
Lantana-Camara-Hybride 32, **37**, 39, 83 f., 84
Lathyrus odoratus 19, 23, **43**, 45, 68
Lavendel **3**, 6, 15, 17, **17**, 22, 48 f., **49**, 71, 87, **87**
Licht 25 ff.
Liguster 14
Ligustrum vulgare 14
Limette 58
Livistona australis 34
Livistona chinensis 34
Livistona rotundifolia 34
Lobularia maritima 60, **62**, 64
Lonicera caprifolium 19
Lorbeer 71, 84, 87
Lycopersicon esculentum 54

Männertreu 87
Margerite, Strauch- 32, **36**, 38, 71, 87

Mauer 8, 18 f.
Mehltau, Echter 89
Mentha spec. 46, **50**, 51
Minze 16, 46, **50**, 51
Mirabilis jalapa 60
Mittagsblume 23, 60, **63**, 65
Möbel 6, 8, 24 f.
Mosaik 24 f.
Moschusrose 16
Myrte 11, 14, 15, 71, 87
Myrtus communis 14, 15

Nacktschnecken 89
Nährstoffe 80
Nerium oleander 32, **36**, 38

Obelisken 23, 24 f.
Obst 56 f.
Ocimum basilicum 46, **50**, 51
Olea europaea 21, 33
Oleander 6, 11, 13, 32, **36**, 38, 71, **71**, 83, 84, 86
Olivenbäumchen 6, 21, 33, 78
Orangenbäumchen 6, 16, 58
Orangerie 58
Oregano 46, **51**, 53, 71, 87
Origanum vulgare 46, **51**, 53

Palme, Berg- 34
Palme, Dattel- 34
Palme, Hanf- 34, 84
Palme, Kentia- 34
Palme, Petticoat- 34
Palme, Schirm- 34
Palme, Zwerg- 34

Palmen 11, 21, 23, 34 f., 68
Palmkohl, Toskanischer 22, 54, **55**
Palmlilie 22, 23
Pampelmuse 58
Paprika 54, **55**
Parthenocissus quinqefolia 19
Passiflora spec. 19, **43**, 45
Passionsblume 6, 16, 19, **43**, 45, 68, 71, 83
Pelargonium-Hybride 60, **62**, 63
Pergola 6, 8, 18 f.
Petunie 23, 60
Pfefferminze **51**, 53
Pfirsich 56
Phoenix canariensis 34
Phoenix roebelenii 34
Plumbago auriculata 19, 82 f.
Pomeranze 58
Portulaca grandiflora 23, 60
Portulakröschen 6, 11, 23, 60, **63**, 65
Prunkwinde 19, **43**, 45
Prunus armeniaca 56
Prunus persica 56
Punica granatum 33, **37**, 39

Rauke **51**, 53
Rosen 6, 11, 16, 87
Rosen, Kletter- 18, 19, **43**, 45
Rosmarin 6, 15, 17, 46, **51**, 53, 71, 84, 87
Rostpilz 89
Rotbuche 14
Rückschnitt 86 f.

Säckelblume 16, 87
Salat 55
Salbei 6, 15, 17, 22, 46, **50**, 52, 71, 87

Salvia officinalis 46, **50**, 52
Santolina chamaecyparissus 15
Satureja montana 22, 46, **50**, 52
Schachtelhalmbrühe 89
Schädlinge 88 f.
Schildläuse 88
Schimmel, Grau- 89
Schleierkraut 22
Schmetterlingsstrauch 16
Schmuckkörbchen 68
Schmucklilie 32, **36**, 38, 71, 78, 82 f.
Schnitt 14, 86 f.
Sitzplatz 8
Solanum melongena 55
Sommerblumen 22 f., 68
Sonnenblume 68
Sonnenschirm 25 ff.
Spalier 8, 18 f., 41
Spindelstrauch 14
Stauden 22 f.
Stechpalme, Jap. 14
Stecklinge 70 f.
Steingartenpflanzen 22 f.
Sternjasmin 17, 19, 23, **42**, 44
Strauchmargerite **36**, 38, 84

Taxus baccata* 14
Terrakotta 28 f.
Terrakotta-Relief 25 ff.
Terrakottatöpfe 6, 12 f., 28 f.
Terrasse 8, 12, 34
Thymian 6, 8, 15 f., 22, **50**, 52, 71, 87
Tomate 54
Töpfe 12 f., 28 f.
Trachelospermum jasminoides 19, 23,
    42, 44

Trachycarpus fortunei 34
Trompetenblume 6, 19, **42**, 44
Tropfbewässerung 79

Überwintern 82 f.
Umtopfen 72 f., **73**

Vanilleblume 16, 17, 23, 60, **62**, 64
Vermehrung 70 f., **71**
Veronica prostrata 22
Vitis vinifera 18, 57, **57**

Wandelröschen 6, 8, 32, **37**, 39, 71, 78, 82,
    84, 86
Washingtonia spec. 34
Wasserbecken 20 f.
Wasserspiele 20 f.
Wein 6, 18, 19, 57, **57**
Wintergarten 12, 34, **85**
Winterquartier 82 f., 84, **85**
Wisteria sinensis 17 ff., **42**, 44
Wollmispel 6, 33
Wunderblume 60
Wurzelballen 70 f.

Yucca filamentosa 22

Ziertabak 17
Zimmergewächshaus 68
Zitronat-Zitrone 59
Zitronenbäumchen 6, 16, 17, 58, **59**, **85**
Zitruspflanzen 32 f., 58 f.
Zucchini 55
Zypresse 13, 68, 87

GREEN LIVING
Neue Lust auf grüne Lebensart

ISBN 3-7742-3760-3
96 Seiten
12,90 € [D]

ISBN 3-7742-3765-4
96 Seiten
12,90 € [D]

Jetzt werden Gartenträume wahr: Konkret und praxisnah, mit einfachen Schritt-für-Schritt-Anleitungen, tollen Gestaltungsideen und ausführlichen Pflanzenporträts zeigen Ihnen diese Ratgeber, wie Sie Ihre individuellen Wünsche realisieren können – und das ohne viel Aufwand.

WEITERE LIEFERBARE TITEL BEI GU:

➤ Das große GU Gartenbuch

➤ Balkon- und Kübelpflanzen für Einsteiger

➤ Zwiebelblumen & Co schnell & einfach

Gutgemacht. Gutgelaunt.

Änderungen und Irrtum vorbehalten.

IMPRESSUM

Die Autorin

Antje große Feldhaus studierte Gartenbau an der Universität Hannover und arbeitet seitdem für bekannte Gartenzeitschriften. Balkon- und Terrassenbepflanzungen und die Dekoration von Wohnung und Garten mit Blumen und schönen Accessoires sind die Hauptthemen ihrer redaktionellen Arbeit bei »Flora«. Am liebsten zeigt sie aber immer wieder, dass auch Mauerblümchen unter den Pflanzen zu Stars werden, wenn sie nur richtig in Szene gesetzt werden. »Balkon & Terrasse mediterran« ist ihr erstes Buch.

© 2003 Gräfe und Unzer Verlag GmbH, München
Alle Rechte vorbehalten. Nachdruck, auch auszugsweise, sowie Verbreitung durch Film, Funk, Fernsehen und Internet, durch fotomechanische Wiedergabe, Tonträger und Datenverarbeitungssysteme jeder Art nur mit schriftlicher Genehmigung des Verlags.

Redaktionsleitung: Anne Hahnenstein
Lektorat: Eva Tauber
Bildredaktion: Christina Freiberg
Layout + Umschlaggestaltung:
independent Medien-Design, München
Herstellung: Maike Harmeier
Satz: Bernd Walser Buchproduktion, München
Reproduktion: Fotolito Longo, Bozen
Druck und Bindung: Appl, Wemding
Printed in Germany

ISBN 3-7742-3760-3

Auflage	4.	3.	2.	1.
Jahr	2006	2005	2004	2003

GRÄFE UND UNZER

Ein Unternehmen der
GANSKE VERLAGSGRUPPE

Bildnachweis /Fotografen

Jahreiß/Wunderlich: alle Fotos mit Ausnahme von:

Bornemann: 59; Caspersen: 7 re.;
Freiberg: 87 re.o.; Redeleit: 12, 13;
Reinhard: 37 re.o., 43 re.o., 63 re.u.;
Schneider: 3 o., 19, 23, 63 li.o.

Umwelthinweis

Dieses Buch wurde auf chlorfrei gebleichtem Papier gedruckt. Um Rohstoffe zu sparen, haben wir auf Folienverpackung verzichtet.

Wichtige Hinweise

➤ Einige der in diesem Buch aufgeführten Pflanzen sind giftig oder hautreizend.Sie dürfen nicht verzehrt werden.
➤ Alle Dünge- und Pflanzenschutzmittel, auch die biologischen, müssen unbedingt so aufbewahrt werden, dass sie für Kinder und Haustiere unerreichbar sind. Der Verzehr dieser Mittel kann zu gesundheitlichen Schäden führen. Außerdem dürfen sie nicht in die Augen gelangen.
➤ Wenn Sie sich bei der Gartenarbeit verletzen, sollten Sie umgehend einen Arzt aufsuchen. Eventuell ist eine Impfung gegen Tetanus erforderlich.

Das Original mit Garantie